《艺术之约》（音乐卷）

主 编／音 渭 景作人

艺术之约

Mahler

马勒

徐铁玮 刘昕 编著

山西出版传媒集团
山西教育出版社

图书在版编目（CIP）数据

马勒 / 音渭，景作人主编；徐轶玮，刘昕编著. -- 太原 :山西教育出版社，2015.9

（艺术之约）

ISBN 978-7-5440-5888-9

Ⅰ. ①马… Ⅱ. ①音… ②景… ③徐… ④刘… Ⅲ. ①马勒，G.（1860-1911）- 传记 Ⅳ. ①K835.215.76

中国版本图书馆CIP数据核字(2015)第054124号

艺术之约 · 马勒

（YISHU ZHI YUE MALE）

音渭、景作人 主编　徐轶玮、刘昕 编著

出 品 人　雷俊林

策 划 人　孙 轶　魏雪萍

责任编辑　许亚星

装帧设计　王春声

出版发行　山西出版传媒集团 · 山西教育出版社

（地址：太原市水西门街馒头巷7号　电话：0351-4729801　邮编：030002）

印　　装　山西臣功印刷包装有限公司

开　　本　889×1194　1/32

印　　张　7.625

字　　数　119千字

版　　次　2015年9月第1版　2015年9月山西第1次印刷

书　　号　ISBN 978-7-5440-5888-9

定　　价　31.90元

来赴一场艺术之约

（代序）

每个人都与艺术有缘。

不管你是否懂音乐，总会有一些动人的旋律在你人生经历的各个场合一次次响起，种进你的心里。

不管你是否爱音乐，总会有一些耳熟能详的名字被一次次提起，深深刻在你的脑海里，构成你的基本常识。

总有一次次的邂逅，你愕然发现某一段熟悉的旋律是来自某一位音乐巨匠的某一首经典名曲，恰如卯榫，完成了超越时空的契合。

永恒的作品，永恒的作者，是伴随我们的文明之路一直前行的。而这套书，便是一封跨越世纪的邀请函，翻开它，来赴一场艺术之约。

它讲的是音乐家的人生，同时用人生的河流串起每一处绝妙的风景，即音乐家们的作品。他们的生命从哪里开始，他们有怎样的家庭、怎样的童年、怎样的爱情、怎样的病痛，又怎样成长、怎样探索、怎样谋生，那些伟大的作品又是在什么情况下诞生……你会在这里一一找到答案。

他们其实不是艺术圣坛上那一张用来膜拜的画像，而是跟我们每个人一样，有血有肉，有哀有乐。巴赫一生与两位妻子结婚，生有 20 个子女，但只有 10 个成活；天才的莫扎特只有短短 35 年的人生，而舒伯特更短，只有 31 年；瓦格纳娶了李斯特的女儿；勃拉姆斯是舒曼的学生；贝多芬中年失聪；舒曼饱受精神病的折磨……每一首曲子，都不再是唱片上的音符，而是与鲜活的生命相联系。你从未如此真切地感受那些乐曲是由怎样的双手来谱写和演奏的。

当这许多位音乐家汇集到一起，便串起了一部音乐史，他们是音乐史的链条上最璀璨的珍珠。每一位艺术家都不是孤立的，而是互相呼应，他们是自己的传主，同时又是其他传主的背景。有时，几位名家同时出现或前后承接，你会发现他们在时间和空间上竟如此相近，你仿佛来到了 19 世纪维也纳的鼎盛时期，教堂的管风琴、酒馆的乐队、音乐厅的歌剧、贵族城堡的沙龙，处处有音乐缭绕。你与他们擦肩而过，他们正在去宫廷演奏的路上，正在教堂指挥着唱诗班，正在学院与其他派别争论。

你的音乐素养不再停留在几段旋律、几个名字上，你与艺术的联系更加紧密。你会在一场音乐会上等待最精彩的乐章，你会在子女接受音乐教育时找出最经典的练习曲，你会在某个地方旅行时说出哪位音乐家曾与你走过同一段路。

更重要的——你会更加深刻地感受到艺术的美好，享受精神的盛宴。贝多芬的《命运交响曲》，那雷霆万钧的激昂力量；舒伯特的《小夜曲》，那如银河繁星般浪漫的梦境；瓦格纳的《婚礼进行曲》，那如天宫圣殿般的纯洁神圣；柴可夫斯基的《第一交响曲》，那如海上旭日般的华美绚烂……

林　锜

2015 年 6 月于北京

目　　录

第1章：伊格劳的童年时代

奥地利帝国的犹太家庭

你可曾看过电影《魂断威尼斯》？如果你看过，想必一定记得片中那旋律悠扬的插曲，甚至会轻声哼上几句。你又可曾知道，这首插曲就来源于马勒的《第五交响曲》。

这首交响曲是1902年写成的，可是在将近70年后的1971年，它仍然活跃在银幕上，成为影迷心中不朽的经典。它为什么有如此无穷的魅力呢？就让我们一起走进音乐家马勒的世界一探究竟吧。

故事得从1860年的奥地利开始说起。当时统治奥地利帝国的皇帝是弗朗茨·约瑟夫一世。欧洲历史上很少有哪位皇帝像他一样，统治着如此辽阔的疆域——今天的奥地利、匈牙利、斯洛伐克、斯洛文尼亚、克罗地亚以及塞尔维亚、罗马尼亚、波兰、乌克兰和意大利的一大部分。此时已是19世纪后期，这位皇帝已不像他的前人一样热衷于赞助艺术事业了。他只对行军作战感兴趣，除了阅览军队花名册之外，他从未读过一本书。尽管如此，他对文化艺术领域特别地宽容，帝国首善之区维也纳仍然保持着自格鲁克、海顿、莫扎特以来培育的浓郁的音乐氛围。

没有贵族的支持，艺术家们想要生存下去实在不容易。马勒戏剧性的一生就是挣扎在依靠指挥赚钱和利用闲暇作曲这两者之间的。所幸工业革命带来了社会面貌翻天覆地的变化，市民阶层——特别是犹太市民崛起了，他们从贵族那儿接过了支持音乐的接力棒，用一己之力培养起了音乐家这个群体。他们去欣赏交响乐的演出，订购音乐报纸和杂志，在街头巷尾的小酒馆里津津乐道地谈论前夜上演的歌剧……正是他们的努力，布鲁克纳、勃拉姆斯、约翰·施特劳斯、雨果·沃尔夫这些伟大的音乐家们才能贡献给世人那么多美妙的乐曲。

当然，这份长长的音乐家名单上，一定少不了“古斯塔夫·马勒”的大名。

童年时期的马勒

位于现捷克境内的伊格劳市

1860 年 7 月 7 日，这一天在所有音乐爱好者眼里都是不平凡的一天。波希米亚小镇卡利斯特的一对犹太夫妇生了一个男孩，这是他们的第二个孩子。他们为这个小生命起名为“古斯塔夫·马勒”，谁也没有料到这个名字将会在未来的半个世纪里发出耀眼的光芒。

卡利斯特位于波希米亚和摩拉维亚边境靠波方的一侧，这里是奥地利帝国以及后来的奥匈帝国的精华沃土所在。在马勒出生前，这里的犹太人聚居区已颇具规模。尽管当时的社会政治风气日趋开明，但是包括马勒一家人在内的犹太人仍生活在反犹的阴影之下。恰好在 1860 年，皇帝颁布了诏书，宣布将部分政权下放，并且采取更加自由的议会制的政体，这意味着犹太人可以更加自由地迁徙。于是，小马勒出生后不久，全家就搬到了伊格劳城定居，他父亲贝恩哈特·马勒在这里开了一家酿酒铺——出售酒类商品是社会允许犹太人从事的为数不多的职业之一。

说起这位父亲，他的暴脾气是有目共睹的。他说的每一句话都是家规，妻子和儿女不得越过雷池一步。母亲名叫玛丽，她天生就略微跛脚，常年受病痛的折磨。据推测，她很可能心脏还有点儿小毛病，后来由于频繁的生育而趋于恶化。贝恩哈特原来是做运输生意的，还兼做商贩，兜售些小东西。玛丽则出身于里代奇的一个门第观念很强的肥皂商家庭。他们的婚姻是经人撮合而成的，玛丽的父母认为这是个门当户对的好姻缘，可是玛丽并不这么想。她早已心有所属，对于当时仅仅20岁的她来说，嫁给贝恩哈特无疑是判了精神上的死刑。

可以想见，脾气粗暴的丈夫和郁郁寡欢的妻子之间，吵架什么的一定是家常便饭，这给孩子们心里留下了难以磨灭的创伤。在幼小的马勒眼中，他的母亲是“温柔的化身”，而父亲则“顽固不化”。由于马勒唯一的哥哥很早就夭折了，马勒这个次子实际上是家中的长子，所以从一开始，马勒幼小的肩膀上就扛起了照顾母亲和弟弟妹妹的重任。每当母亲犯了头痛或者是遭受其他病痛折磨时，马勒就会藏在她的床后面为她祈祷。她常常责备儿子“邋里邋遢，像什么样子”，但是在丈夫发怒时她又会尽力保护儿子。

尽管这个家庭的生活中常常奏出一些不和谐的音符，可是这并不能阻碍贝恩哈特——这个血管里流着商人血液的犹太人——成为一个成功的商人。最初，他的酒馆是一家毫不张扬的小酒铺，迎来送往的都是社会的底层居民，比如长途马车车夫之流。由于贝恩哈特自酿的瓶装酒物美价廉，这个小酒铺逐渐站稳了脚跟，并慢慢壮大起来，后来甚至有了分店。到了1866年，小马勒可以骄傲地念出自家记事便签台头上的文字了："伊格劳的 B. 马勒，烈性酒、朗姆酒、潘趣酒、香料和醋类制造商"。贝恩哈特本人也受益于他蒸蒸日上的生意，他摇身成为小镇犹太社区里的头面人物。到 1873 年时，他甚至获得了与当地德国市民完全平等的地位。要知道，在这之前，他与德国人的关系并不融洽：初到此地时，他曾经因为与酿酒生意有关的轻微违法行为而遭到了罚款。

作为一个父亲，贝恩哈特在子女的教育问题上可一点儿也不含糊，这也是犹太民族的光荣传统。他与玛丽一共生了十四个孩子，可是半数在襁褓中就早早夭折了。活下来的七个孩子，除了古斯塔夫外分别是恩斯特、蕾波汀娜、阿洛伊斯、贾丝汀娜、奥托以及爱玛。在马勒未来的音乐家生涯中，我们将不时地看到他的弟弟妹妹们的身影。

尽管小马勒很早就显示出了过人的音乐天赋，但是父亲坚持让儿子接受完整的教育，要求他一定得念完高中（设有拉丁语和希腊语的高级文科中学）。但是，当古斯塔夫对音乐抱有的真正热情和钢琴演奏的天赋清晰地显示出来时，贝恩哈特很容易就被亲友说服了。他对自己有这么一个天才的儿子似乎很是自得。不过我们也要知道这么做的实际效益——投资儿子的音乐教育，也许是让这个犹太家庭光耀门楣的好机会。尽管贝恩哈特本人出身低微，但他仍然不断地努力工作，争取获得更高的社会地位。当时欧洲处处弥漫着的反犹情绪让犹太阶层备受打压，贝恩哈特深知，只有依靠个人努力或者是才华，才能开创出一片天地。父亲积极向上的性格特点被马勒很好地继承下来，他的一生就是力争上游的一生。

这就是一个生活在奥地利的典型犹太家庭的图景：专制好强的父亲和温柔卑微的母亲，还有接连出生的孩子和不可避免的夭折；虽然依靠经商赚到些钱，不过众多嗷嗷待哺的孩子也让家庭财政时常吃紧。作为长子的马勒注定要抛却种种不切实际的幻想，在这个多灾多难的时代里奋勇前进。

神童诞生

1861 年，伊格劳新建了一所犹太教堂，每个礼拜日，虔诚的信徒们都会在这里集会，伴随着唱诗班的歌声向神祷告。这天贝恩哈特夫妇像往常一样带着儿子去做礼拜，忽然，在信徒们的歌声中响起了一个稚嫩的童声：

一位流浪者，
一个旅人，
穿过匈牙利来到摩拉维亚，
在那里，在第一家酒馆，
他跳起舞来，如同在水上漂。
他跳得近乎癫狂，
他的背包也颠起来。
颠也好，不颠也罢，
就算魔鬼也拿不走它。

这首混合着摩拉维亚语和捷克语的街头小调，题目是《让背包颠起来吧！》。众人纷纷停下自己的歌唱寻找这童声的来源——是三岁的小马勒！他自顾自地唱着，歌声中透出孩童特有的天真，他恐怕还不会跳舞呢，却唱起了别人跳舞的故事。歌声引起一阵骚动，玛丽的脸红一阵白一阵，贝恩哈特努力抑制着自己的愤怒，他在犹太社区中来之不易的地位不能被儿子一首冒犯的歌谣毁掉啊！

所幸童言无忌，大家都原谅了小马勒，很快教堂就恢复了秩序。但是这个故事却成了马勒家族传说中的一部分。

后来，马勒自己也很乐意提起父母跟他讲述的这件幼年趣事。难道他的首次“公开演出”就以如此粗野的方式搅乱了严肃的宗教仪式吗？

伊格劳像个大熔炉一样把众多文化融为一体，南边的维也纳、西北的布拉格、周边讲捷克语的农村都能在这儿找到自己的烙印。流浪的提琴手和波西米亚民乐团来来往往，给这座小镇带来了丰富而又新鲜的音乐。住在酒铺楼上的小马勒，推开窗就能欣赏到大街上精彩的演出。而他只要出门沿着皮尔尼茨巷的斜坡向左走上几步就能走到伊格劳那宽阔空旷的广场，那里有鳞次栉比的店铺、海神涅普顿的喷泉、圣母玛利亚的塑像，当然最吸引小马勒的是敲着军鼓、吹着小号的军乐队。

乐手们穿着色彩鲜艳、挺拔合身的军装，黄澄澄的铜扣在阳光照耀下绚烂夺目。走在队伍最前面的人把手中的小棒高高举起，轻轻一挥，乐手就随着他的节拍演奏起来了。大部分乐手演奏的是铜管和木管乐器，有吹小号、圆号、长号的，吹单簧管的，吹短笛的，有时人多的乐队还有吹长笛的。有几个人负责打节奏，有的敲钹，有的敲大军鼓——把大大的鼓垂直挂在肩上，左右开弓打鼓，有的敲小军鼓——把鼓挂在腰间，鼓面朝上，两个鼓槌咚咚敲个不停。

伊格劳的犹太教堂

每次有军乐队路过这个镇子，小马勒总是要追着他们走很远，他被这些神奇的乐队深深吸引了。仔细听，每个人都在演奏自己的旋律，演奏乐器的动作也五花八门，让小马勒目不暇接。但是远远地听，每个人的旋律汇合起来又成了一首丰富好听的曲子，真是神奇！尤其是那指挥的小棒，仿佛是一个开关，控制着整个乐队。它上上下下、左左右右来回移动，在空中比画着各种复杂的图形，顶端黄色的流苏也起伏飘扬，十分好看。随着它比画的图形的变换，乐队也奏出了各种各样既悦耳又振奋人心的乐曲。

Iglauer Berghäuerzug

伊格劳的游行队伍

就这样小马勒一有机会就去看军乐队的演奏，渐渐地听熟了好多军乐曲。一日，他出门闲逛，尾随一支军乐队

马勒纪念银章

来到小镇的中心广场。他抱着心爱的玩具手风琴，这时候的他已经可以用这架小手风琴演奏很多曲目了。几位邻居看见他，走过来笑着说："嘿，古斯塔夫，都这么晚了还不回家吗？你要是能用手风琴演奏跟他们一样的曲子，我们就送你回去。"小马勒仰起头，带着一丝倔强和骄傲的神情说："没问题！我要站到大家都能听见的地方演奏。"他被抱到一个水果摊的台阶上，马上熟练地拉起了手风琴，果然跟军乐队刚刚演奏的曲子分毫不差，甚至还用一只脚打出了小军鼓的拍子！在围观的人们啧啧的称赞声中，小马勒第一次体会到了自己的创造给人们带来的欢乐，在很多年后他仍然能够记得那个黄昏瑰丽的云霞。这件事给马勒留下的印象太深刻了，以至于从他后来创作的曲子中，我们也能听到那个“少年鼓手”的心声。

但是这个故事只是马勒生命中的一个台阶，对于一个注定要与音乐事业相伴一生的人来说，玩具手风琴真是太小儿科了。他用稚嫩的小手按下的琴键，不久就被放大了若干倍，变成了一架真正的钢琴的琴键……

那是一个晴朗的夏日午后，马勒一家人去外祖母家探亲，一家人坐在花园的树荫下，有一搭没一搭地闲聊着，气氛舒适而温馨。就在声声蝉鸣的间隙中，所有人都听到屋子里传来隐约的钢琴声。“谁在弹琴？那架琴放在阁楼上，好久没有人碰它了。”外祖母说着就起身进屋，其他人也都好奇地尾随着她。“莫非是我儿子？”贝恩哈特小声嘀咕着。

一行人走到阁楼的楼梯前，外祖母正欲上楼，贝恩哈特抢在她前面：“嘿，让我来。”他小心翼翼地踩着咯吱咯吱响的楼梯爬上了阁楼，伸出脑袋，看到了他的大儿子——古斯塔夫坐在高高的琴凳上，开开心心地弹着著名的法国童谣《雅克兄弟》（也就是我们中国人熟悉的《两只老虎》的曲调），一边弹一边摇头晃脑地跟着哼唱：“雅克兄弟，雅克兄弟，你还睡吗？你还睡吗？晨钟已经敲响，

晨钟已经敲响，叮叮当，叮叮当！”

亲眼见到这一幕的贝恩哈特感慨万千，对于一个毫无音乐细胞的家庭来说，这个儿子的音乐天赋不是奇迹又是什么呢？很少流露感情的他此刻也不能控制自己的情绪了，他板着脸叫了儿子一声，随后绽开笑容给了儿子一个大大的拥抱：“古斯塔夫，你真的太棒了！”

我们看到，马勒的天才不输给历史上任何一位音乐家，他们每一个人都是从小就展露出卓越音乐才华的神童。但是并非每一位神童都有一个全力支持自己发展的家庭，所以很多人就像转瞬即逝的流星一般很快就被人们忘记。幸亏我们的马勒有一位好父亲，他在这次阁楼弹琴事件之后作出了一个明智的决定：拨出一笔款项让儿子学钢琴。小马勒不负众望，他的钢琴技艺进步神速，后来他回忆这段生活时说：“在我的音阶技巧尚未纯熟时，我就已经开始创作一些简单的小曲子了。”

1870 年 10 月 13 日，时年十岁的马勒在伊格劳开了一场自己的钢琴独奏音乐会。我们现在已经无法知晓当时演奏的曲目了，不过，演出的盛况还是可以从《伊格劳日报》的一篇报道中看出一些端倪：“一位当地犹太商人的儿子首次在公众面前举办了自己的独奏音乐会。这位名叫马勒的演奏家只有九岁而已。这个未来的钢琴演奏家取得了巨大的成功，他也赢得了属于自己的荣誉。钢琴家只是希望，主办方能够提供一架好的钢琴来完成一场漂亮的演出。”这篇评论误把马勒的年龄写小了一岁，或许是为了夸张马勒的天赋，让人们更加关注他。不管怎么说，自此以后，马勒“钢琴神童”的称号就渐渐传开了。

三年后，马勒就快到了举行成人礼的年纪了。按犹太人的规矩，男孩子要在13岁的生日上举行成人仪式。在这年的4月24日，马勒为一场盛典演奏了塔尔伯格的《歌剧〈诺玛〉主题狂想曲》。那天是吉泽拉大公爵的小姐和巴伐利亚的利奥波德王子举行婚礼的庆典，小镇上的犹太居民和德国居民都加入了这场跨越教派与种族的狂欢。不用说，伊格劳的军乐队也献上了完美的演奏。他们穿上节日盛装，在围观人群的欢呼声和鼓掌声中缓缓前行，穿过伊格劳的大街小巷。马勒早在前一天就把自己要演奏的曲子练了个滚瓜烂熟，等到自己演奏一结束，他就像往常一样跟着这支军乐队一路前行。在激昂的乐声中，他的情绪也渐渐高涨起来，他听见四周的掌声，听见人们的交口称颂——“这一切要是送给我的该多好！”他一边哼着旋律一边沉浸在了自己的幻想中……

这种情绪一直蔓延到三个月后的成人仪式上，刚刚成为男子汉的马勒在心中暗暗祈祷：“主啊，请您一定要实现我的愿望，让我自己的曲子也能像军乐队的一样受到所有人的欢迎。”

可是事与愿违，马勒之后的人生和他去世之后的故事颇为曲折，好像是给这个美好单纯的愿望加上了一个极其讽刺的注脚。

死亡和白日梦

如果浪漫主义乐派的门德尔松是一块甜得腻人的点心，那么马勒一定是一块难啃的骨头，但是越啃越有味儿。他的音乐的味道，无疑是由内而外散发出来的对“生死”这个终极话题的追问。随便翻翻有关马勒音乐的文章，我们会发现文中常常会出现如“生死”“庞大”“悲天悯人”“悲观主义气质”这样的字眼。

为什么马勒的音乐会如此丰富而且震撼，这与他青少年时期的经历恐怕脱不了关系。我们今天常用一种轻松的语气谈论几个世纪前某个人的死亡，的确，在那个医疗水平和卫生状况低下的年代，受到死神眷顾是常有的事儿。但是“死”这件事情，如果发生在你的身边，发生在对世界的美好还存有无限幻想的小孩子身边，它就绝不是一件轻松的事情。

马勒的一生一直都在承担这种不幸。

在他五岁时，马勒尚在襁褓中的小弟弟卡尔去世。一年后则是另一个弟弟鲁道夫去世。在他十一岁的时候，差一点儿就到两岁的阿诺德和刚满八个月的弗里德里希双双去世，死于猩红热。他十三岁时，也就是刚刚在皇家婚礼庆典上完成演奏时，刚满一岁的阿尔弗雷德也夭折了。到了十五岁时，发生了一件给马勒造成最大创伤的事情：仅仅比他小一岁的弟弟恩斯特在长期心脏病的折磨之下不治身亡了。恩斯特与他年龄相仿，平日里哥俩总是在一起玩，在所有兄弟姐妹中马勒与他感情最好了。

马勒回忆这件事情时说，自己曾经长时间守候在弟弟的病榻前，为他讲各种各样的故事，但是他还是没有留住弟弟。他亲眼看见弟弟小小的身躯躺在棺材里的样子，面色苍白，双眼紧闭。尽管他做了最大的努力，但是虔诚的祈祷并没有换来上帝的额外开恩，这多么不公！我们设想一下，如果你平时读书十分用功，考试发挥得也不错，可是结果一出来，没及格！而且，没有任何辩驳的余地，就是没及格。这时你会怎么想？一定心有不甘吧！马勒也是一样，上帝夺走了他最亲爱的弟弟，他怎么也想不通命运

国外发行的马勒纪念邮票

为什么会有这种残酷的安排。在他漫长的生命中，他一定无数次地回想过这件事情，他对生死和命运的思考也自然地被编织进了他的音乐中。

当他的思考陷入困境时，唯有音乐，才是他灵魂暂时停留的居所。正统的犹太教悼念仪式要求死者的家属在长达一年的时间内不听音乐、不看歌剧，但是马勒对弟弟的悼念方式却正好与之背道而驰。他把死去的弟弟作为主人公写进了他早年最宏大的创作项目之中：一部根据德国诗人乌兰德在 1818 年创作的话剧《恩斯特·冯·施瓦本公爵》改编的歌剧。后来，马勒应邀去拜访一位商人古斯塔夫·施瓦茨时，为他演奏了这部歌剧的片段。施瓦茨后来约见了贝恩哈特，建议他把儿子送到维也纳去继续学习音乐。贝恩哈特倒是真的采纳了这个建议，尽管他此时还心存疑虑——皇家大都会对儿子的道德观将产生什么样的影响，以及儿子能否顺利完成高中学业。

恩斯特的去世对于马勒来说是一个具有象征意义的心理转折点，在那之后，马勒开始用一种新的、悲剧性的眼光审视自己：一个接近成人年龄的学童，他的人生目标就是掌握音乐这门艺术。他开始给比自己小的人教授钢琴课程，可是他的完美主义和苛刻态度常常使师生双方都失去耐心，在他情绪不好时，甚至会向弹错了的孩子扇耳光。与此同时，他还必须设法应付一场接一场的公开演出，这对于一个充满幻想和深沉思绪的少年来说恐怕并非易事。

马勒自己后来也承认，他那个时候的情感世界十分复杂，甚至到了一种自己也难以言说的状态。一次，贝恩哈特带他经过伊格劳镇外的树林时，突然想起家里有一件不得不做的事情，就把马勒留在了树林里，自己一个人返回家中。后来由于太专注于自己手头的事了，居然把马勒留在树林的事情忘得一干二净。等到几个小时后他想起此事匆匆返回树林时，发现儿子仍待在原地一动不动地眺望着宁静的天空，感受着大自然给他带来的难得的宁静和温馨——这与家里片刻不得安静的紧张气氛相比简直是天壤之别。

以这种“白日梦”的方式对抗父亲的粗暴和现实中的种种苦难，是马勒从童年开始就常常使用的办法。他的妻子爱尔玛后来写道：“他的父亲每天都对着儿子凌乱的抽屉大发雷霆——这是唯一需要他自己整理干净的地方。可是古斯塔夫每天都把这事儿忘得一干二净，一直到第二天父亲再次大发雷霆为止。要他记住这些无聊透顶的命令实在是太过分了。这些场面并非骂骂就算了，但是没有任何人可以打破他的白日梦。”

纵观马勒的一生，“白日梦”与他如影随形。在他十一岁时，父亲为了让他受到更好、更为严格的音乐教育，把他送进布拉格的一个音乐世家——格林菲尔德家中学习。贝恩哈特原本以为这是个比伊格劳的音乐环境优越得多的地方，儿子一定会很有出息，特别是在这家人家寄宿的还有两位布拉格音乐学院的高材生。然而在格林菲尔德家中，马勒的衣服和鞋子被收走给别人穿，一天能吃上一顿饭已经是特别的优待了。这种常人难以忍受的事情，马勒却平静地把它当成理所当然的事情来承担。后来在维也纳音乐学院学习时期，马勒经常上课走神，甚至有一次在课上吹起了口哨。在他的指挥生涯中，马勒常常在排练中由于精神不集中而突然离开或者说出一些与排练无关的话来，引得大家哄堂大笑。

这个孩子，好像从来没有长大，没有从他自己的“白日梦”中醒过来，所以，我们要欣赏他的作品的话，也只好跟他一起“做梦”了。

第2章：在维也纳音乐学院

初到维也纳

不知道读者朋友们对西方的教育制度了解多少，不过我们初次听到这个事实时很多人都会大吃一惊吧：西方的研究生入学时并不重视学生拿了多高的分数，有多少个“A”，而是重视推荐信——很多名校要求学生提交三封教授级别的导师的推荐信。为什么会这样呢？因为西方人认为，只有优秀的人才，才能发现优秀的人才。

换言之，如果一个人颇有天分，但是却因为种种原因，他的光芒被埋没，无人能识，也是不能迈向成功的顶点的。如果我们对音乐史稍有了解，就会发现这种事情并不少见。

维也纳国立音乐与艺术表演大学(其前身即当年的维也纳音乐学院)

维也纳皇家宫廷歌剧院

著名的“3B”之一的勃拉姆斯在年轻时曾经向钢琴大师李斯特求教，可是据说因为他在大师演奏时打起了瞌睡，使得大师勃然大怒，当然更谈不上指点提携了。然而后来，当他鼓起勇气拜访作曲家舒曼时，舒曼仅仅听了勃拉姆斯弹的十几个小节之后便打断了他，请钢琴家妻子一同来聆听这位天才青年的演奏。后来舒曼又在著名的音乐杂志《新莱比锡人音乐杂志》上热情赞扬了勃拉姆斯的天分，从此勃拉姆斯一举成名。

试想如果年轻腼腆的勃拉姆斯没有敲开舒曼的家门，那么他会不会一辈子待在家乡做个微不足道的乐手呢？

现在我们回头来看马勒，他这一生，虽然有种种遗憾，但是相对于其他音乐家来说算是顺风顺水了。当他回首往事时，恐怕也会微笑着想起那些发掘他的天分、支持他的决定和热情帮助过他的人吧？

前面我们提到的那位颇有眼光的商人施瓦茨，正是首先认识到了马勒的天才不应局限在伊格劳这个小镇上的人。在成功地说服了贝恩哈特之后，他带着年仅十五岁的马勒去了维也纳音乐学院。他们拜见了那儿的钢琴教授朱利乌斯·艾普斯坦，艾普斯坦在马勒一曲终了之后就激动地断言道：“你是天生的音乐家……我是不会看走眼的！”三十六年后，艾普斯坦还记得当时小马勒眼中流露出的感激和崇敬。马勒的天赋，终于得到了音乐之都的教授的首肯！——这是他走上职业音乐生涯的起点。

1875 年 9 月，来自边境省份的这位身材矮小、脸色苍白而略显腼腆的少年正式进入维也纳音乐学院就读。初到帝国首都的日子，马勒总是睁大眼睛东张西望，他从未看过这么多新鲜有趣的东西！特别是恢弘的建筑，像凝固的交响曲一样雄伟壮丽，激动人心。高耸的维也纳皇家宫廷歌剧院夜夜人流如织，不乏音乐名流现身，譬如正值壮年的勃拉姆斯，以及声名显赫的《新自由报》音乐评论家、维也纳大学的教授爱德华·汉斯利克等。观看演出的当然还有皇亲国戚，但是占主流的还是新兴的资产阶级市民阶层。著名奥地利作家茨威格曾经评价这些地位卑下的观众，“事实上成为帝国宫廷的客人”。

在这座宏伟建筑前徘徊流连的马勒，一定难以想象 20 多年后这里将永远地刻上自己的烙印。

除了去固定的场地观看演出，音乐和戏剧还渗透进了维也纳人生活的方方面面。每逢重大节日，游行的队伍中都少不了乐手精彩的表演。特别是在维也纳市中心东北部的普拉特公园举行的鲜花游行，围观的民众常达三十万之

欧洲音乐游行盛况

众。他们吹着口哨、喝着啤酒，热烈欢迎那“最上层的一万人”乘坐的富丽堂皇的马车。

在这里，所有的事情都有欢庆的理由：无论是天主教的“基督圣体节”、阅兵式，还是市民音乐节，只要有绚丽的色彩和动听的音乐，都值得大肆庆祝一番。即便是葬礼也有热情的观众，而且每个真正的维也纳人都渴望去世后的自己也是一具“可爱的尸体”，能够办一场庄严宏大的游行。就算是死亡，也会让真正的维也纳人成为众人瞩目的对象。缤纷的色彩、欢乐的气氛和悦耳的声音，陶醉在大大小小的舞台抑或是美好生活的戏剧之中，整个维也纳完美地融为一体。

此时，19 世纪只剩下四分之一的时间了，整个欧洲大陆，包括维也纳，都在暗暗地进行着天翻地覆的变革。守旧的社会观念依然根深蒂固，可是谁都能闻到空气中弥漫着的改变的气息。音乐界的新旧两股势力旗帜鲜明，分别以勃拉姆斯和瓦格纳为代表的两大阵营势不两立。而美术方面也面临着一场风起云涌的巨变，终于在世纪之交形成了“维也纳分离运动”的新气象。

这时抵达维也纳的马勒也面临着多种价值观的冲击，该走哪条音乐道路，他必须自己决定。

1851 至 1893 年间的音乐学院院长是颇有传奇色彩、行事怪异的约瑟夫·海默斯伯格。当时的人说他有三个眼中钉：第一是他的准接班人，维也纳爱乐乐团的首席指挥雅各·葛伦，第二是目光短浅的人，第三是犹太人。可想而知，犹太学生马勒在音乐学院的日子并不十分好过。不过他自己可能并不这么觉得，因为他大部分课程都没有老老实实去上，而是逃课写自己的曲子。

马勒的老师有推荐他的朱利乌斯·艾普斯坦，负责教钢琴；罗伯特·福克斯，负责教和声；以及弗朗茨·克兰，负责教作曲。多年后福克斯向马勒的妻子爱尔玛回忆她丈夫的学生生活时说："马勒总是逃课，但是什么都难不倒他。"而弗朗茨·克兰这位风琴师却极为传统，曾经因为他的新学生无故违反规则而大发雷霆，但是在马勒的第一学年结束的时候却同意颁发给他一个作曲一等奖。马勒的获奖作品是一部钢琴五重奏中的第一乐章，而在此之前他已经因钢琴成绩优异而得过一个一等奖了。

在这一时期马勒把学习重心放在了作曲上，据阿尔玛说，他在歌曲创作上的表现很快为他在友人之间赢得了"舒伯特第二"的封号。可是一向追求完美的他对自己的器乐作品并不满意，亲手毁弃了不少曲子。他曾经试着写了一部交响曲，可是因为院长海默斯伯格拒绝指挥这首曲子，只好把它改编成钢琴组曲了。拒绝指挥的原因是马勒亲笔誊抄的分部总谱里错误不断——马勒当然没有经济实力请人为自己誊抄，只能在截止日期前自己一个人夜以继日地赶工，自然难免会有些笔误。

虽然父母时常从家中寄来些吃穿用品，但马勒自己也靠教授钢琴获得些微薄的收入，可是经济上还是会捉襟见肘。刚进音乐学院时，他就向院方提出了减免学费的请求，后来是恩师艾普斯坦答应为他垫付一半的学杂费，而且四处为他寻找需要家教的学生——这是处于社会底层的学生谋生的主要途径。

维也纳这个音乐圣地的竞争甚是激烈，在这一行出人头地的人不仅得有天赋，还得付出超出常人百倍、千倍的努力。直到今天为止，“做个艺术家”也只是少数人能够实现的梦想，大部分人都在现实残酷的打击之下，早早地投身到法律、医生、经济这些相对容易谋生的行当中去了。

早在1796年德国作家瓦肯罗德和提克合写的作品《热爱艺术的修道士的感情宣泄》中，我们就读到了“选择艺术”还是“面对现实”这两者的激烈交锋：

我是否应该说，他也许一生下来就是为了欣赏艺术，而不是把艺术当作职业？如果艺术像蒙着面纱的精灵一样神秘，悄然存在于生活之中，从不扰乱日常生活，他们会不会更加快乐？这样的人是否存在呢？或者说，为了成为真正的艺术家，拥有无穷才华和灵感的人是否应该勇敢地把自己抛向俗世的生活？

我们猜想，马勒一定读过这部广受欢迎的作品——它直击要害，毫不留情地打破人们对艺术家生活的幻想。中世纪的贵族没落后，艺术家们失去了丰厚的资金支持，逐渐转型为现代的生存方式：首先设法赚钱养活自己，其次再谈艺术创作。我们可以看到马勒在未来的日子里，清醒地选择了这种生存方式。

布鲁克纳的高徒

少年时代的阅历和品位往往会改变一个人一生的航向，马勒就是在维也纳音乐学院确立了他的音乐理想和风格。

同马勒住在一起的还有两个穷学生，雨果·沃尔夫和鲁道夫·柯西桑诺夫斯基。他们对于彼此在作曲上的问题知根知底，这足以使得三人成为好友了。但是对于醉心艺术的少年来说，这份交情还不够，真正让三人心灵相通的是他们对瓦格纳和布鲁克纳的狂热崇拜。

当时维也纳的音乐圈中，“德国浪漫派”勃拉姆斯和“奥地利派”瓦格纳两大阵营的对立，已经到了不共戴天的地步，整个社会都卷入其中。瓦格纳是前进派的年轻一代尊崇的神一般的偶像，而勃拉姆斯则是保守派的中流砥柱。客观地说，勃拉姆斯的曲子有其独到的创新之处，绝不是“保守”一言可以蔽之的，音乐史上四大小提琴协奏曲中就有他的一份，那旋律何其优雅庄严！直到今天，他的《c 小调第一交响曲》仍然是各大乐团演出的经典曲目，被誉为继贝多芬不朽的九大交响曲之后光芒万丈的“第十交响曲”。但是年轻的音乐学院学生们对浪漫主义传统的表现手法已经颇为厌倦，而瓦格纳眩人耳目的音响世界却与他们求新求变的精神一拍即合。

1875 年 11 月，瓦格纳莅临维也纳，指导并观看了汉斯·李希特指挥的自己的歌剧《汤豪舍》和《罗恩格林》。在次年 3 月的第二次维也纳之行中，他还亲自指挥了《罗

瓦格纳

恩格林》的一场演出。这对刚刚踏入音乐学院大门的马勒来说，毫无疑问是终生难忘的盛事。据说在歌剧院的前厅，马勒有机会亲手为大师披上大衣，可是让他后悔不已的是，一阵害羞情绪袭来，让他丧失了这个机会。而沃尔夫则大胆得多，不但整日跟在瓦格纳身边，还与大师有过数次直接接触。

在马勒眼中，瓦格纳的地位仅次于“乐圣”贝多芬。他曾经说过：“瓦格纳一张嘴，其他人只有默默聆听的份儿。”由此可见他对瓦格纳发自内心的敬仰之情。他与两位室友常常在钢琴上疯狂地练习《众神的黄昏》等歌剧的片段，当他们激动直至忍不住引吭高歌时，房东太太会跑过来粗暴地把他们撵出去，可这根本阻止不了这些青年狂热地追捧瓦格纳。

至于安东·布鲁克纳这位极为谦逊有礼的天才，马勒和同学们亲眼目睹了他受到保守音乐界毫不留情的攻讦谩骂，其中旗帜最为鲜明的就是前面提到的那位评论家爱德华·汉斯利克。汉斯利克在1880年时也在维也纳大学给马勒上过课，当时他就树立起了这样的形象：他热爱意大利咏叹调那轻易就达成的感官的美感、法国滑稽歌剧的诙谐机智、施特劳斯圆舞曲以及奥芬巴赫的轻歌剧那优雅流畅的旋律，就跟维也纳那些无忧无虑、寻欢作乐、才华横溢而又高贵优雅的上层人士一样。他用维也纳人那种乐观的态度看待瓦格纳、李斯特和布鲁克纳，把他们当成是充满乐趣的感官世界的野蛮入侵者。凡是汉斯利克不赞成的论调，很快就会在《新自由报》头版上以“专栏评论”的形式出现。

布鲁克纳常年遭受无端的诋毁和漠视，却始终以雍容的气度泰然处之，如此高尚的精神让年纪轻轻的马勒心驰神往。马勒在其一生中，也因捍卫瓦格纳派的音乐理想而屡遭保守派指责，可是他从未屈服过一次——这才是他得到的布鲁克纳的真传。

当时布鲁克纳 52 岁，尽管受到了汉斯利克的极力排挤，但仍然孜孜不倦地在音乐学院里教授和声和对位法。马勒并没有正式选修他的课程，不过却是最活跃的“旁听党”。在上他的课之前，马勒可能就已经听过这位风琴师的种种逸事，包括他破旧而土气的穿着，奥地利口音，以及他在课堂上一听到祈祷的钟声就要双膝下跪的习惯——学生们对此窃笑不已。可是在音乐评论家马克斯·格拉夫的回忆里——“我从未见过任何人像布鲁克纳这样虔诚祈祷。他就像被钉在地上似的，内心深处散发出了光明。他拥有一张老农的脸庞，皱纹密布，像田垄一样，可是在他跪下时，那张脸瞬间变成了传教士的面孔”。

在布鲁克纳的课上，马勒、他的室友沃尔夫，以及另一个好友汉斯·罗特常常聚在一起，与老师讨论各种问题，消磨了不少时光。布鲁克纳兴致勃勃地跟这些年轻人讲述他的经历，例如在1876年前往拜罗伊特观看瓦格纳的《尼伯龙根的指环》首次全本演出。他绘声绘色地描述演出的盛况，时不时闭上眼睛，沉醉在自己的回忆里，让这几个小听众神往不已。

在与马勒交谈的过程中，布鲁克纳惊喜地发现师生二人在对音乐价值的诸多核心问题上的理解相当一致。例如，关于交响曲的创作价值，两人都承认交响曲可以冗长，但希望享受浪漫的听众并不会认可这一观点；两人也都致力于准确地表达旋律和对位，拒绝把音符不加思考地胡乱混合。实际上他们是非常超前地提出了一种新的审美取向，即反对把音乐作为享乐、沉迷的对象，艺术在本质上并非对现实生活的美化。当两人共同达成这种认识后，布鲁克纳高兴地说他再也不需要他的两个最得意的学生沙尔克（弗朗兹·沙尔克、约瑟夫·沙尔克）了。

1877年，布鲁克纳的《第三交响曲》首演，这对于他

音乐家布鲁克纳

和马勒来说都是永生难忘的经历，从此两人结下了坚如磐石的情谊。这次首演简直可以用“凄凉”来描述，由于乐团拒绝合作，以及有些不怀好意的人蓄意闹场，听众们在演出过程中纷纷退场。当演出结束时，整个大厅空空荡荡，只剩下马勒在内的寥寥数人。布鲁克纳极为伤心，耗费心血写作多时的力作，就这样被人无视，最终他收获的只有蔑视和侮辱——这简直是不堪回首！

唯一安慰的是出版商提奥多·拉提希主动提出要印行这首交响曲的管弦乐总谱和钢琴缩谱，这也是布鲁克纳的交响曲的首次出版。这位眼光非凡的出版商在聆听了乐团的排练和首演之后，认为乐团演奏水平的低下不能掩盖这部作品的光芒。至于钢琴版的改写工作，布鲁克纳交给马勒和柯西桑诺夫斯基来负责。结果这两位年仅 17 岁的年轻人不负众望，出色地完成了这项工作。对于马勒来说，这也是他第一次公开出版作品。布鲁克纳很是满意，高兴之余把这首交响曲第二版手稿赠给了马勒。

获得恩师如此宝贵的赠礼，马勒的感激和兴奋可以想见。在这之后马勒无论走到哪里，总是要带上这份手稿，那一个个饱含激情和梦想的音符，正是鼓舞他前进的最大动力。这场首演的惨败，对马勒心灵的触动和他今后音乐道路的影响极大，他对生活在维也纳的真正的音乐家的命运有了更为深刻的认识：一位超越常人的伟大的艺术家，必定要承受超越常人的苦难，必定要让这苦难成为磨砺自己的磨刀石。马勒向恩师立下誓言：“致力于让您的伟大作品获得它本应得到的当之无愧的胜利，是我今后奋斗的目标之一。”

马勒的确做到了，从他 20 岁时踏上指挥这条道路起，直到他生命的终结，他从未忘记推荐、弘扬布鲁克纳的作品。在诸多重要场合，譬如1900年的巴黎世界博览会上，马勒都把恩师的作品作为重要演出曲目。1908年马勒刚到纽约时就指挥了布鲁克纳的全部交响曲。1910年，马勒放弃了自己交响曲的版税收入，来交换布鲁克纳作品的出版权。

总之，马勒在音乐学院的第二个学年里确立了他对瓦格纳和布鲁克纳的一生的忠诚。在这一学年里，他与两个室友都加入了“维也纳瓦格纳学会”，大大扩大了交友圈，结识了许多文学、哲学学生以及其他音乐家。对于从偏僻小镇走出来的马勒来说，这一年的生活让他眼界大开，为后来的深造打下了良好的基础。

人生的十字路口

在布鲁克纳的首演前还有一个略显尴尬的小插曲，马勒重考了两次才通过了伊格劳的高中毕业考试，只有通过这个考试他才能选修大学的课程。其中的一篇没有完成的论文，题目是《东方对德国文学的影响》，论述了其他民族的知识对德意志民族“富有生产力的影响”。他特别指出排斥中国的影响应当引以为戒，这个思想在他晚年依据唐诗创作《大地之歌》时得以更加明白地显现。

1877 年秋，马勒的补考已经通过，他终于可以在音乐学院选修大学课程了。他选了哲学系的课程、德国古典文学史、中古高地德语语言学以及希腊艺术史和艺术批评。同时，他退出了恩师艾普斯坦的钢琴班，全身心地投入到音乐史和作曲的学习中去了。但是，马勒第三个学年的核心主题是，他进入了维也纳大学学习并且大大地增长了知识，扩展了交友圈。他并不是传统意义上的“好学生”，他逃了很多课，不过把时间都用在了社团活动上了。

当时学生们流行组织各种各样的社团，由此来区别“圈内人”与“圈外人”。其中一些社团主要讨论政治和精神生活，最有名的是一个学术性的辩论俱乐部“维也纳德国学生读书协会”。在 1878 年时，这个协会的核心是以佩尔纳施托佛和阿德勒为首的小团体，他们两人后来都成了颇具影响的奥地利“左翼”政治家。由于他们探讨时政问题让政府感觉受到了威胁，该年 12 月 19 日，政府甚至下令取缔这个协会——由此可见学生的思维水平之高。

马勒并没有加入“读书协会”，但是似乎曾经参加过一个与之相似的小规模的伊格劳学生团体—— 一个文学辩论会。成员有他的老朋友台奥多尔·菲舍尔、他的表亲古斯塔夫·弗兰克，以及他的老同学也是他未来的法律顾问艾米尔·弗洛因特。在菲舍尔的回忆中，他们热烈讨论文

1898 年的维也纳国家歌剧院

学和时事，兴致来了常常在月色笼罩的维也纳城中散步，到最后大家都“被浪漫主义的热情彻底征服”。

在毕业后的两年过渡期内，马勒也积极活动，结交了

一批圈内外好友。1878 年至 1879 年，马勒与维克多·阿德勒和他的妻子爱玛交往甚密。爱玛的弟弟海因里希·布劳恩也成为马勒的朋友。马勒还结交了医生阿尔伯特·施皮格勒和他的妻子妮娜，这对夫妻也是阿德勒的朋友。“读书协会”里年轻的风云人物西格弗里·里皮涅也是这个小圈子中的一员，并且成为他们的精神领袖。

在大学的最后一学年的第二个学期，马勒选修了古典雕塑、荷兰绘画史和哲学史等课程。1878 年 7 月，马勒从音乐学院毕业，他囊括了钢琴演奏方面的好几个奖项，一部钢琴五重奏谐谑曲获得了作曲的一等奖。如今他面临着毕业之后何去何从的大问题。此时他已经放弃了做职业钢琴家的梦想，因为在前一年他聆听了钢琴巨匠李斯特和安东·鲁宾斯坦的演奏，意识到自己并没有那么超凡的技巧。李斯特在 15 岁时就写成了 12 首《超级技巧练习曲》的初版，鲁宾斯坦与李斯特观点对立，风格颇受争议，但也是当时数一数二的钢琴演奏家。这些钢琴家们站在当时钢琴演奏界的最高峰上，一个初出茅庐的小伙子想要一步步爬上去实在太难了。

但是当时他也没有认真考虑过是否做一个指挥，因为当时的音乐学院中根本没有专门教授指挥的专业。在此之前，马勒唯一的管弦乐经验是在音乐学院的管弦乐团中做定音鼓手。他满心想着作曲的事情，着手写作一部康塔塔《悲叹之歌》。这部作品是他年轻时代创作的音乐剧作品中唯一完整保存下来的，脚本是他自己根据民间传说创作的一首诗。毕业这一年的秋天，马勒又回到了维也纳进修一些课程，同时继续谱写词曲。当然，为了维持生计，他还在继续做家教，尽管已经把开支降到了最低限度，他还是负担不起高额的房租，在此期间被迫搬了十几次家。

到了次年夏天，马勒回到伊格劳老家，依旧作私人钢琴教师。这次，他无可救药地爱上了他的学生，当地邮务长的女儿约瑟芬娜·波伊索。马勒似乎是在1879年9月寄给友人的信件中首次提及这个女孩的名字的，但到了下一年的复活节时，马勒已经直接写信给他“热烈地爱着”的约瑟芬娜：“就在此时，我比以往的任何时候都更加接近我梦想的目标——我们（啊，我多么希望能够说——我们两个）曾经如此热切期盼的事情，很快将要实现！我还从未在任何人面前如此低声下气过。看啊，我跪倒在了你的面前！”

然而这段恋情显然并没有得到女方亲友的支持，1880年6月，约瑟芬娜的父亲写信警告马勒说：“在她这一方，从来没有，也永远不会对你有任何严肃的感情。”这时马勒已经在写献给恋人的情诗，一共有三首，后来他还把它们谱成了曲子。

第一首歌《献给约瑟芬娜》的最后两节明白地展示了那个时候马勒的美学理想：融合了席勒宣扬的“天真”和“伤感”的风格，排除了任何情色或感官的暗示，黯然情伤的爱情朝圣者必须在痛苦的荆棘路上艰难跋涉。诗是这样写的：

> 太阳如此亲切地俯视着你，
> 你的胸中怎能还有悔恨与悲伤？
> 抛开烦恼吧，伤心的人啊，
> 在骄阳和蓝天下尽情欢畅。
> 骄阳与蓝天都无法使我欢畅，
> 但是我热爱春天；
> 啊，我最想见到的就是她，
> 但她还在远方徘徊流浪。

悲痛至极的马勒从失恋的打击中恢复过来后，清醒地意识到自己不能再做钢琴教师这样的零工了。他得有稳定的收入，“指挥”这个职业首次出现在他考虑的范围内。他向之前出版布鲁克纳交响曲的出版商拉提希询问，是否有合适的就业机会。后者建议他为自己找一个经纪人，并热心地给他介绍了中介人古斯塔夫·洛维。在一番商谈之后，马勒与这位中介人签下合同，请他帮自己找工作，并以自己薪酬的5%作为中介费用。在此之后，两人的合作关系持续了将近十年。

洛维给马勒介绍的第一份工作是在哈尔温泉剧院做助理指挥，马勒认定在那儿指挥能给他带来有益的经验，于是很快就开始了这份为来哈尔温泉度假和享受碘浴的富人们提供娱乐的职业。哈尔温泉是个度假胜地，在这里有个简陋的小剧院，仅仅能容纳200人。马勒就在这个“地狱般的剧院”开始了自己的指挥生涯。这座木造建筑一到雨天就到处漏雨，苦不堪言，而马勒一人身兼数职：指挥、舞台管理、档案整理、行政监督，甚至搬运工。他甚至得在乐队休息的间歇推着他的顶头上司，乐队指挥茨维伦茨的小女儿的婴儿车去散步。在此后的几年里他总是避免不了类似的大材小用的局面，常常被音乐之外的各种杂务浪费了太多时间。

马勒此时指挥的曲子也仅限于奥芬巴赫、小约翰·施特劳斯和苏佩的轻歌剧——在瓦格纳的全本上演需15个钟头的《尼伯龙根的指环》面前，这些区区两三个小时便可演完的轻歌剧实在可用肤浅来形容。不过马勒早年在这些偏远的小剧院工作的经验，让他对剧院上上下下的行政组织、剧务管理、演出事务有了极为深入的认识，如果没有青年时期的积淀，想必他也不会有后来在维也纳皇家宫廷歌剧院的“大手笔”。

不过，在当时的马勒看来，指挥歌剧不过是过渡时期的权宜之计，他的心里念念不忘的还是作曲。没过多久，他就敦促洛维帮他找了份新的工作，同时他也趁着剧院的冬闲之际回到维也纳继续完成《悲叹之歌》，最终在 1880 年的 11 月 1 日大功告成。乐友协会自 1875 年起设立了贝多芬奖，奖励音乐学院的在校学生和校友的创作，马勒把自己这部得意之作拿去参赛，可是半个奖项都没拿到。评审委员会牢牢地被保守派阵营把守：勃拉姆斯、汉斯·李希特（皇家歌剧院音乐总监，在未来与马勒共事）、约瑟夫·海默斯伯格以及卡尔·戈尔德马克等，可以想见马勒受到垂青的可能性并不大。不仅是马勒，他的好友罗特也因作品不被承认而备受打击。在坐火车前往阿尔萨斯的路上，罗特彻底丧失了理智，在一位同车的乘客正要点燃雪茄时，他忽然警告说勃拉姆斯在车厢中装满了炸药。不久罗特就完全疯了，四年后死于一家疯人院。

马勒提及这件事时总是十分懊恼："在我 19 岁那年每个月在哈尔剧院挣 30 个古尔盾，然后从一个小剧院到另一个小剧院流浪了很多年。如果音乐学院把 500 古尔盾的贝多芬奖奖金颁发给我，我的人生将因此全盘改写。我也不必跑到莱巴赫去，我这整个该死的歌剧生涯也可能不复存在了吧！"

西方大学里的社团组织形式与中国的很不一样。很多时候，学生想要进入某个社团只能通过现有成员的邀请，成功了之后则可以凭借该社团成员的资格参加集会等。我们最熟悉而又最陌生的社团恐怕是耶鲁大学的秘密精英社团"骷髅会"了。骷髅会每年只吸收 15 名耶鲁大学三年级学生入会，成员包括许多美国政界、商界、教育界的重要人物，其中诞生了三位美国总统以及多位联邦大法官和大学校长。他们的活动根据地是校园内的一幢希腊神庙式的小楼，从不对外开放。成员们也从不在公共场合谈起社团内的事情。当然这是最极端的例子，其他的学生社团可能并没有如此严格的规定，但是志趣相投的学生建立起紧密的联系，在漫漫人生路上相互扶持的事情则是很常见的。

第3章：辗转于小剧场

在莱巴赫和奥尔米茨

虽然马勒一开始并没有打算干歌剧这行，不过依他凡事追求完美的性格，他指挥歌剧时倒也是全力以赴，因而他才能够在指挥界逐渐崭露头角，最终成为音乐史上首屈一指的指挥家。

马勒生在一个歌剧盛行的时代，西欧和中欧几乎每个稍微上点儿规模的城市都拥有自己的剧院。在没有电影、电视和电脑的那个时代，歌剧院毫无疑问成了地区文艺活动的中心。消磨一个愉快的夜晚的最好办法，莫过于一家人扶老携幼去欣赏一场歌剧、轻歌剧或者是舞蹈演出。歌剧院的水平参差不齐，有些小剧院的演出水平低劣到了可笑的程度，但是对于青年音乐家们来说，这些剧院正是磨炼自己的好地方。如果乐手们能够认真钻研，提高自己的演奏技巧、培养乐队的团队合作能力、把曲目出色地展现在观众面前，那么一个将要倒闭的剧院也可能瞬间成为大家争相追捧的热门剧院。

刚刚从地狱般的哈尔温泉逃出来的马勒，又通过中介人历任了莱巴赫和奥尔米茨两地类似的职位。这两个歌剧院都只是初具规模而已，各方面条件都不能与大剧院相提并论，这让马勒颇为沮丧。“不知道还要在这样的破地方待多久呢！”每天睡觉前，他总是这样默默地问自己，但是当第二天的阳光照进卧室时，他又精神百倍地开始计划这一天的工作。

无论与他共事的是多么年轻稚嫩或是水准不高的乐手，无论乐团编制有多么小、乐手数量多么欠缺，马勒总是想尽办法张罗。他近乎偏执的顽强意志，让他在极为困难的条件中创造出了尽可能上佳的演出效果。据说有一次在演出福洛托的歌剧《玛塔》时，一名歌手没有登台，马勒只好用吹口哨的办法唱了这部分旋律。还有一次演出古诺的《浮士德》中的《士兵合唱》，结果男声合唱团只到了一个人，马勒面带一丝苦笑，走上舞台唱起了路德教派的《坚强的堡垒》。从这些流传的逸事中，我们仿佛可以看到马勒“知其不可为而为之”的坚定信念——对任何人来说这都是成功的必备素质。

从1881年9月到次年4月，马勒在莱巴赫地方剧院待了半年多，指挥了大约50场演出。唯一值得安慰的是，他推出的剧目还算档次不差，而且类型多样，从普通的轻歌剧到夹带音乐的话剧作品，包括古诺的《浮士德》、威尔第的《游吟诗人》、莫扎特的《魔笛》、贝多芬的《哀格蒙特》、门德尔松的《仲夏夜之梦》、韦伯的《自由射手》和福洛托的《玛塔》等。这位年轻的指挥在掌握技艺的同时也在学习这些歌剧，在乐手和歌手们的各种理解中，他始终坚持自己的立场。

马勒在莱巴赫还曾为官方活动奏乐，有一次是在庆祝卡尼奥拉公国议会开幕式的一场盛大晚会上演出。莱巴赫是公国的首府，这个公国40%的人口是斯洛文尼亚人，其余60%是德国人和驻军。当天他指挥的是贝多芬的《哀格蒙特》序曲，它是鲍恩菲尔德的喜剧《粗俗与浪漫》的开幕曲。这些场合雍容华贵的气息为当时愈来愈紧张的政治局势粉饰太平，马勒作为一个指挥家，一生中不得不多次

马勒纪念铜章

指挥台上的马勒漫画明信片

面对这种场合。事实上，从他最早在伊格劳以“钢琴神童”的身份出现在公众面前时，他就与艺术的公共功用和官方功用建立起了密不可分的联系。他的演奏曾被用来庆祝皇家婚礼、各种大小纪念日以及为学校或是灾区慈善募捐。

通常情况下，马勒的指挥都能够从当地的德语和斯洛文尼亚语报纸上获得肯定的评论。在帝国南方的这个小地方，他首次指挥了莫扎特、贝多芬和威尔第等人的作品，并且举行了作为独奏钢琴家的最后一次公演。另外，1882年9月，马勒在伊格劳的镇剧院指挥了苏佩的《薄伽丘》，这场演出他的父母一定也出席了。

在度过了1882年在捷赫拉瓦教授钢琴的过渡期后，1883年1月起，马勒在奥尔米茨镇的皇家市立剧院担任指挥。这里的情形更加糟糕，马勒甚至不能够自由选择剧目，成天上演的都是威尔第和迈耶贝尔的歌剧，但是听起来很不可思议——这正是他所希望的。在写给语言学家弗里德里希·洛尔的信中，他向亲密好友大倒苦水：

“我只是觉得振作不起来，好像一下子从天上掉到凡间了。从我跨进奥尔米茨剧院大门的那一刻起，我就好像是在等候末日审判。如果把一匹好马跟一头牛套到一辆车上，那匹马也只能乖乖拉车了。我都不敢见你，因为我自己都觉得自己面目可憎。……我几乎总是独来独往，当然排练时除外。直到目前，感谢上帝，我指挥的还都是些迈耶贝尔和威尔第的剧目。我成功地把瓦格纳和莫扎特排除在外，我可受不了《罗恩格林》或者是《唐·乔凡尼》在这里被人糟蹋！”

在另一封写给在维也纳结交的新朋友弗里茨·吕尔的信里，马勒倾诉了自己崇高而严肃的艺术理想在此被践踏的痛苦，这也是古往今来刚刚迈入职场的新人共同的心声：“这一次他们练习得更加卖力一些，尽管这仅仅是表达对我这个‘理想主义者’感到难过的方式。因为那种认为一个艺术家能够全身心地投入到艺术活动中去的想法，在他们看来是天方夜谭。有时候，我带着火一样的热情希望能够感染他们，但是换来的只是他们吃惊的表情和心照不宣的微笑。这时，我好像被从头到脚泼了一盆凉水！我真想夺门而出，永远离开这鬼地方。只是我明白现在我是在为我的大师们受苦，而且或许有一天我能在这些可怜虫的灵魂里点亮一个火花，这种想法赐给我力量。”

1883 年 2 月 14 日，奥尔米茨的人们惊讶地看到这个平日里看来颇有修养的年轻人“在大街上精神错乱一般狂奔，放声大哭”。人们都以为他父亲辞世了，但事实并不是这样，前一天去世的是瓦格纳。如果马勒没有极其敬业的态度，他是无法强打起精神应付种种琐事的。到了 3 月，马勒就离开了这个备受煎熬之地，回到维也纳。

这时的他开始蓄起大胡子，让自己看起来更加成熟一些。他又委托洛维给他另找一份差事，同时开始着手写作一些乐曲，但是这些作品后来都没有完成。在事业不顺的打击之下，马勒身上桀骜不驯的特征越来越突出，同窗弗里德里希·艾克斯坦这样描述他：这时候他走路的样子已经充满了他自己的风格了，他那不同于常人的暴脾气也开始逐渐显露。他的面容中透露着智慧，却时时绷得很紧，脸庞瘦削，表情丰富，下巴上蓄满了棕色胡子，说话时带着浓浓的奥地利口音。无论走到哪儿腋下都夹着几本书。

在前一年，马勒在维也纳的朋友们在拜罗伊特观看了瓦格纳的《帕西法尔》的首演，当时他还在莱巴赫工作。此时赋闲的他在 7 月中旬也去那里看到了这部歌剧的演出，感动不已：“最伟大，而最痛苦。我真应该把它所有神圣的东西留在身旁，伴我终生。”他去拜罗伊特的路费来自于在卡塞尔皇家普鲁士宫廷剧院试用一个星期的收入，一个月后他就与这家剧院签订了正式合同，开始了将近两年的德国腹地指挥生活。

在卡塞尔

初到卡塞尔剧院的马勒一定如饮甘泉，这里的条件比他待过的所有剧院都好得多：合唱团有 38 人，管弦乐团编制 49 人，并且还有专业水准的聘约歌手阵容。到了 10 月他被正式授予“皇家音乐和声乐指挥”一职，看起来前途一片光明。

但是实际上并不是那么回事，马勒处处受制于首席指挥威廉・特莱伯。后者的职责是按照符合“皇家”剧院身份的风格来管理剧院，也就是像管理军事学校似的统辖着剧院的一切。马勒不仅必须把所有的排练都写成报告，还得遵守不得与女歌手单独排练的规定，这是为了规避孤男寡女之嫌。演出曲目如果有任何调整都必须经过审批，而包括马勒在内的所有乐团成员若有迟到、乱发脾气等行为都会一一记载在考核簿中。现有的记录表明，马勒在9月刚来时就被罚款了两次：一次是因为“在排练和演出期间穿着带跟的靴子产生噪音”；一次是在合唱队的女歌手中“引发一阵笑声”。这位首席指挥的刻板风格可见一斑。

卡塞尔剧院（现为卡塞尔自然历史博物馆）

在最关键的演出问题上，特莱伯把重要剧目全部包揽，只分配给马勒一些法国、意大利的歌剧，或者是不太出名的德国歌剧，如福洛托等作曲家的作品。他的另一个差事是提供“特定场合需要的音乐”，只要剧院有要求，马勒就得奉命改编或是谱写一些乐曲以供演出之需。1884年6

月，为了举办一场演唱歌剧选段的慈善音乐晚会，马勒很快谱写出了全套组曲。这组曲子是用来搭配“舞台活画”（在舞台上由活人扮演的静态画面）的，内容改编自舍菲尔的叙事诗《萨金根的小号手》。这首叙事诗很受作曲家们喜爱，根据它改编的曲子和歌剧有不少，马勒的这个版本颇受欢迎。但是后来他并不承认这部作品，并把它毁弃了，可能是因为这部作品主题比较保守，根本不能拿给自己信仰社会主义的朋友们看。

这种仰人鼻息的生活自然是谁都不愿意过的，马勒逐渐萌发了离开这里的念头。这时卡塞尔举办了一场音乐盛事，对马勒之后数年的人生影响不小。远近闻名的大指挥家汉斯·冯·彪罗带着著名的迈宁根宫廷交响乐团来到卡塞尔作两场演出，在他指挥下的乐队好像被施了魔法一般发出神奇的音响效果，让台下的马勒听得如痴如醉。说起来这位彪罗本来还是瓦格纳阵营的大将，瓦格纳曾经指定由他担任《纽伦堡名歌手》和《特里斯坦与伊索尔德》的首演。但是彪罗的妻子，也就是李斯特的爱女柯西玛，抛弃了他，与瓦格纳结婚了。这番情变让彪罗对瓦格纳恨之入骨，自然而然投奔勃拉姆斯阵营了。

此时的马勒少不更事，他很想拜彪罗为师，加上一心想跳出卡塞尔这个苦海，所以一冲动就给彪罗写了一封相当唐突、近似于求救的信。信中表示希望能够以学徒的身份为他效劳，“任何您想到的事情我都乐意去做”。但冷酷的彪罗收到信后把它转交给了特莱伯，特莱伯又把它交到了剧院总监吉尔沙的手上。这下马勒在剧院陷入了极为尴尬的境地，偏偏吉尔沙还不愿意放人，马勒只好硬着头皮每日来剧院点卯。

值得一提的是，马勒在工作不顺之余却在感情上有了寄托。他爱上了当地的一名女歌手约翰娜·李希特，在写给友人的信里，他说：“与卡塞尔的恋情已经开始了狂热的进程，它让年轻狂暴的灵魂无法再摆脱开它的魔力。”不过这个轰轰烈烈的爱情故事很快以失败告终，在 1884 年的最后几个小时里，这位女士在自己的房间里结束了这段恋情，把孤独的马勒赶到 1885 年的大街上。只有教堂里传来隐约的钟声和唱诗班的圣歌安抚他受伤的心：“似乎是那位伟大的世界舞台的指导有意造就一个完美的故事。那晚我在自己的睡梦中哭了一整夜。”

虽然马勒爱情失意，不过在这段经历的激发下他写出了第一部杰作——带有自传性质的声乐套曲《旅行者之歌》：“我将我写的一整套歌曲题献给她，或许我可以借这部曲子告诉她一些她不知道的事情。这套歌曲表现的是一个被命运戏弄的流浪汉，行走在冷暖无常的人世间，永无止境地漂泊的故事……”这首曲子里透露出了无尽的寂寞之感，他流浪各地无所归依的心境，以及在卡塞尔忍受的折磨也在曲中纤毫毕见。这些歌曲的一部分旋律在后来他的《第一交响曲》中得到了进一步的引用发挥。

不过这段时期，马勒到底是干了一件扬眉吐气、振奋人心的事情。当时，市政当局筹划在1885年6月29日至7月1日举办一个音乐节，目的是弘扬爱国主义情感。这种情感在当时的卡塞尔是一种“时尚”，要知道这里可是德语童话传说的中心之一：格林兄弟曾经在那儿工作过，阿尼姆和布兰塔诺的《少年的魔角》最初也是在那儿出版的。马勒受命担任音乐总监一职，计划演出的重头戏是门德尔松的清唱剧《圣·保罗》和贝多芬的《d小调第九交响曲》。除了歌剧院的管弦乐团之外，还计划召集四个合唱团一齐出演。这是卡塞尔地方上的一大盛会，首席指挥特莱伯认为自己才应该是音乐节的总监，如今马勒居然凌驾于他之上，这让他极为不快。他向剧院总监吉尔沙提出撤换马勒，不过这时候马勒已经从洛维那儿得到消息，说莱比锡歌剧院有空缺职位，便打定主意排除千难万险也要把这场音乐节组织好。

接下来发生的事情，让马勒第一次见识到了德国反犹情绪的黑暗面。特莱伯负责一部分排练事宜，他趁机在乐队中挑拨离间，声称他做了苦差事，正式演出的美名却让一个犹太人夺去。剧院乐团迫于首席指挥的威势只好退出演出，于是特莱伯就幸灾乐祸地观赏马勒无米下锅的窘迫样子。

不过马勒岂是平庸之辈，眼下的困境反而激发出了他无限的斗志。他立即向邻近的城市征调乐手，甚至一个军乐团都拿来凑数。马勒随即在一个巨大的步兵操练大厅里给这支杂牌军施以魔鬼般的训练，乐团和歌手们达到了他们从未想象过的高水平。正式演出之日，随着马勒手上特制的长指挥棒的挥舞，五百人的庞大乐队有条不紊地演奏起来。头几个小节刚刚奏出，下面的观众就开始露出难以置信的神色。没等演出的最后一个音符奏响，观众席中就不约而同地爆发出一片"Bravo！（好极了！）"的叫好声，掌声、欢呼声和口哨声经久不息，他们从来没在这个小城中听到过如此激动人心的宏伟篇章。

卡塞尔人感激马勒给他们带来的美妙体验，授予马勒一顶桂冠、一枚钻石戒指和一只金表以表达谢意。一位布拉格的大学教授在听了贝多芬的交响曲后兴奋地组织了一

马勒画像

个小团体，写了一封长长的感谢信递交给他，听过演出的人们纷纷跑来在信上签下自己的名字。布拉格人总是喜欢去“民族歌剧院”之类的地方欣赏歌剧演出，不过在马勒指挥瓦格纳的歌剧时，布拉格街头却流传开了这样一首诗：

在模糊不定的冲动面前我们渴求的，

你给我们塑造成坚实的形状，

在陌生的旋律飘扬的地方，

你重新为德意志舞台注入力量。

你展现给我们的，是在强烈的热情中，

我们一向看见、回忆和感受的过往，

你让一个腐烂的世界消失殆尽，

你创造了一个世界，新鲜的旋律荡漾。

马勒一夜成名后，卡塞尔这个小地方更显得不是他的长居之地。经过订立合约的双方的同意，马勒提前解除了合约，终于摆脱了这个令人不快的剧院。由于莱比锡的工作还得等上一年才能接手，在这段过渡期，他暂时在布拉格的剧院落脚。

在布拉格

马勒原本只是打算借布拉格的工作机会填补空当，没想到从 1885 年 8 月到 1886 年 7 月这短短的不到一年的时间，却成为他早年音乐生涯中发展最快的一段时期。

当时的布拉格，捷克人口与德国人口的比例几乎是二比一或是三比一，捷克风格的作品大行其道。当他 1885 年来到布拉格的时候，当地的捷克国家剧院轰轰烈烈地上演着斯美塔那、德沃夏克和俄国作曲家们的作品——当然这些作曲家在今天看来都是民族乐派的中坚力量。斯美塔那是“捷克民族音乐的奠基人”，在马勒到来的前一年刚刚离世，而德沃夏克则正值壮年。在这座为捷克人服务的国家剧院修建之前，捷克的戏剧不过是每周演出两三个下午，观众多是下层阶级。直到捷克人修建了一个小的临时剧院，经过 20 年的发展壮大，终于成了现在金碧辉煌的国家剧

捷克国家剧院

院，这给捷克人带来莫大的欣慰。

与之相反，马勒要任职的这家暮气沉沉的皇家德意志歌剧院却无人问津，这里急需一个新的指挥来个大换血。歌手出身的剧院负责人安杰罗·诺伊曼相当有经营头脑和专业眼光，他一眼就看出马勒并非泛泛之辈，便在他身上下了个赌注，对他极少约束，让他在这里一试锋芒。实践证明他是对的，德国人很快回到了这座剧院。诺伊曼组建了新的剧团，开创了一个无比活跃的新阶段，每个晚上都有戏剧或歌剧上演，场场爆满。

到了布拉格没多久，马勒就有机会首度指挥瓦格纳的歌剧。这时候他得以大胆尝试的原因是剧院的首席指挥安东·塞德被纽约大都会歌剧院以重金挖走，而另一名首席指挥路德维希·史兰斯基颇具雅量，十分乐意把分内的工作分给新来的年轻人。所以马勒名义上是副指挥，实际上大权在握。12 月，他受命负责推出这个演出季的两场大制作：《莱茵的黄金》与《女武神》，这两部歌剧的演出都用了拜罗伊特的瓦格纳歌剧的道具布景。

之后，马勒又承担起了莫扎特的《唐·乔凡尼》的演出，这部歌剧原本应该是由史兰斯基负责的，但是他却以它从未在布拉格受欢迎为理由推辞了。这真是让马勒心情大好，他指挥的曲目越来越有分量，名声也蒸蒸日上。贝多芬的《d 小调第九交响曲》和《费黛里奥》，瓦格纳的《纽伦堡名歌手》和《汤豪舍》，都是他在这一年里指挥的力作。因为演出十分成功，马勒还邀请家人来观看自己的指挥。尽管他的母亲因为常年的疾病而未能成行，不过弟弟妹妹中肯定有人如约前来。多年前贝恩哈特的音乐投入终于有了回报，马勒开始为这个犹太家庭争光了。

虽然这些作品得到了绝大多数观众的好评，不过也有一些乐评家并不喜欢马勒的指挥风格。他的动作过于引人注目、令人眼花缭乱，对音乐的诠释也与以往不同，有强烈的力度对比，常常运用弹性速度，力图挖掘曲谱中蕴藏着的音乐精神。他并不总是按照乐谱的指示演奏，而是根据作曲家的思路进行合情合理的改编。特别是当时乐器制造业发展迅猛，一部分曲子的演奏如果采用新的乐器和配器会产生更好的音响效果。马勒的大胆创新无疑充满争议，听惯了传统演奏方式的人可能会举起双手赞成革新，也可能会口出狂言妄加诋毁——这是古往今来的创新和变革不可避免的代价。

在布拉格如此的成功，让马勒感到有些后悔，他太早接下了莱比锡的聘约。而莱比锡，这座哺育过巴赫和舒曼的德国音乐名城，将以怎样的态度对待这位乳臭未干的指挥？他不得而知。他在布拉格是个有实无名的首席指挥，大权在握，而且这里的空气十分自由，因为大家都是奥地利人——尽管大街上飘荡着捷克语和德语两种语言。这一点不像在卡塞尔，虽然周围的人都说德语，他却受到了异乡人的待遇。何况，当时的莱比锡剧院是由闻名遐迩的指挥巨匠阿图尔·尼基什掌控，做他的副手恐怕不会有什么选择曲目的权力吧。

在布拉格，马勒首次尝到了自由指挥的滋味，他深深地认识到这一点极为重要。只是现在再怎么多想也无济于事，签下的合约必须履行。而且，布拉格的副指挥一职让他名声大振，莱比锡的剧院是不会放走他的。

在莱比锡

莱比锡是德国东部的第二大城市，这里本来是繁荣的商业中心，以书店、印刷业和图书馆著称。直到18世纪，音乐活动才慢慢兴盛起来。其中，著名的“西方音乐之父”约翰·赛巴斯蒂安·巴赫在当地的圣·托马斯教堂任歌咏班领唱长达27年，直至去世，这对莱比锡音乐事业的发展起到的作用居功至伟。起初是在上层社会人士家中或是咖啡馆中举行小型音乐会和独奏会，后来参与音乐活动的人越来越多，直至成立了演奏协会。莱比锡也成了当时德国音乐界当之无愧的领导者，著名的莱比锡布商大厦管弦乐团，已有超过两百年的历史。乐团历史上最有名的首席指挥，即1835年上任的浪漫主义作曲大师门德尔松。另外，这里还是马勒最敬仰的瓦格纳的出生地。

可以说，马勒1886年到达这里时，各方面条件都很好，无论是宽敞气派的剧院，还是水准颇高的观众，都很合他的意。莱比锡歌剧院是德国最重要的歌剧院之一，一共可以容纳1900名观众，舞台也能上演最大型的制作。剧院当时的负责人是马克斯·史泰格曼，他把剧院各项事务打理得井井有条。剧院管弦乐团也是全欧洲首屈一指的庞大编制，光是固定编制就有76人，而布拉格才不过52人，而且种种设施也日臻完美——这正是马勒希望有朝一日能够供自己指挥的。

印在明信片上的莱比锡歌剧院，1945年5月

起初，尼基什在曲目分配问题上也不算小气，马勒到任后的两个月内就得以指挥瓦格纳的《黎恩济》和《罗恩格林》、韦伯的《自由射手》、莫扎特的《魔笛》和阿勒维的《犹太少女》等歌剧。马勒独树一帜的指挥风格让莱比锡的观众和乐评家们耳目一新，与布拉格音乐界的意见一样，这里也出现了强烈支持和极力反对的两种截然不同的声音。大致来说，还是支持和鼓励的声音居多，尼基什本人也对他的风格十分称道，乐手们也训练有素，听从指挥，指挥和乐手之间没有什么不可调和的对立问题。

无论如何，马勒可是一位“难缠”的指挥，虽然他不带恶意，不过他会不惜一切代价求取一场完美的演出。对于任何一部作品，他都把它当作自己作的曲子一样认真对待。如果曲子演奏的难度很高，一般的乐手往往会跟指挥讨价还价，看看能不能稍微放松一点儿要求。但是在马勒这儿这种事情完全不可能发生，苛刻的指挥总是希望乐手们能够超水平发挥，以期获得最好的演奏效果。他的指挥棒下永远不会有滥竽充数的事情发生，他敏锐的耳朵能够捕捉到任何乐器发出的声响，哪怕是离他最远的低音提琴手拉错了半个音他也能准确无误地指出。不过他一直都是对事不对人，事情过后就完了，再也无所记恨。

所以乐手们对他的评价也分成截然不同的两派：偷懒耍滑头的人讨厌他的独断专行、喜怒无常，认为这个年轻小伙儿做事过于认真执着，最不能忍受的是他常常当着所有人的面毫不留情地指责年龄、资历远远长于自己的乐手。但是勤恳练习的人则觉得这位指挥风趣爽朗、和蔼可亲、见识不凡，在细节问题上永不苟且凑合，是个真正追求完美的艺术家。总之，他身上没有什么“中庸”一说，总是在大喜大悲、大开大阖的两极上变动。就像一位纽约爱乐乐团的成员说的那样，乐手们一旦了解了他的思想就可以“一无所惧”。

马勒在莱比锡度过了一段称心如意的时光，但不久他就感到现状并不那么令人满意。他上升的空间被尼基什牢牢占据，目前他只能指挥瓦格纳的早期作品。虽然他的表现不凡，可是尼基什德高望重，一时间也不可能把这个后生小子推到比自己还高的地位上去。剧院总监史泰格曼为了安抚马勒，只能给他开出一些空头支票来，比如答应下一季的《尼伯龙根的指环》的四部剧演出由两人分摊之类。结果尼基什无论如何也不肯退让，这像是给了马勒一记重锤——他怎么能屈居人下做副手呢？

1887 年初，正当马勒四处寻找新的发展空间时，尼基什病倒了，所有剧目的演出重担一下子全落到了马勒一个人头上。这正是他求之不得的事情，虽然极为辛苦，几个剧目同时排演，他忙得连坐下来休息的空儿都没有了。不过马勒是痛并快乐着，他知道这样独揽大权的机会难得。卖命工作最终换来了观众们的热烈捧场，不过报刊上的评论却反应平平。

于是在1887至1888年的乐季中，马勒指挥了54部歌剧的200多场演出，相当于几乎每天都有剧目上演，这是怎样惊人的工作量！而就在这段时期内，他居然还抽空与大作曲家韦伯的孙媳妇玛丽安·玛蒂尔达·冯·韦伯谈了场恋爱，马勒旺盛的精力真是令人叹为观止。

韦伯女士比他年长七岁，这段恋情可以说是不合世情的丑闻。两人眼见这段恋情快要暴露时商量着一起私奔，不过韦伯女士终究没有出现。这让马勒深感失望之余也有一种如释重负之感，他的光明前程不能葬送在儿女私情上。何况他家里还有一群弟弟妹妹要靠他接济，不能说走就走。

这段恋情虽然失败，但是与韦伯一家的结识倒也促成了马勒唯一一次的歌剧创作。在一次庆祝歌剧排演成功的小型聚会上，马勒喝了点儿酒后兴致很高，满面红光。韦伯见机拉住他，给他塞了一摞手稿——这是他的祖父留下的喜歌剧《三个品脱》的残稿，希望对方能把这部作品续完。出于对前辈作曲家的敬仰，以及与韦伯一家的交情，马勒当即愉快地接受了这个任务。

1888 年 1 月他在莱比锡指挥这部歌剧的首演，大获成功。所有重要的评论家，包括汉斯利克，都对这场首演做出了评价。许多剧院的经纪人和音乐总监纷纷出席，他们中的一部分人也在自己的剧院中上演了这部引发多方议论的歌剧。当时柴可夫斯基也在莱比锡，他欣然出席了此次首演。理查·施特劳斯在 1887 年秋季首次来到莱比锡做客座指挥，并第一次与马勒会面。他也观看了此次演出，并给导师汉斯·冯·彪罗写信，热情称赞了这部作品。从观众和乐评界的热烈反响中，马勒增加了不少作曲的信心，他作为“完成了《三个品脱》的莱比锡指挥”的名声很快就响彻欧洲。

在莱比锡，马勒的指挥生涯算是正式走上正轨，日益增长的自信让他剃掉了大胡子，留起了宽宽的上髭。他也逐渐养成了严格的作息习惯——在接下来的许多年歌剧季中他都这样工作——每天早起工作或读书，然后开始他那异常严苛、经常激发乐队高昂情绪的早间排练；每天下午则先到咖啡馆打发时光，接着长时间地散步；回到剧院后

1884 年的马勒

处理各种杂务以及进行晚上的演出；最后与朋友们共进晚餐，例如剧院总监马克斯·史泰格曼或是韦伯一家等。究其一生，马勒在指挥和作曲方面都取得了极为惊人的成就。这份成就来之不易，除了他生来拥有的天赋和热情之外，他身上那极强的自制力和不懈的努力才是成功最好的助推器。

第一交响曲——“巨人”

1888 年，尼基什计划跳槽到布达佩斯皇家歌剧院一事还没有着落，而此时他的身体还未完全康复，一直在向剧院告假。剧院的绝大部分工作还是由马勒承担，这虽然给了他很大的自由发挥余地，不过马勒对现状愈发不满了。一来在尼基什之下难以有更广阔的发展空间，二来繁忙的排练演出事务严重地占据了他作曲的时间。

马勒的一生都在剧院中忙碌，“指挥”这种为前辈作曲家发声的工作一方面可能会压抑他的个性诉求，但另一

马勒作品碟片

方面也促成了在作曲上的强力反弹——马勒的交响曲极富特色，艺术水平也极为高超，被称之为“交响曲的终结者”。他的交响曲总体来说有四个特点：第一，不限于四个乐章，马勒一生中写下的九首交响曲中，只有第一、四、六、九交响曲是四个乐章，其余都超过四个乐章；第二，交响曲的编制很大，即管弦乐团的规模十分庞大，如第二交响曲就有 16 把低音提琴，这在古典时期是难以想象的惊人编制；第三，乐章长度很长，有的乐章长度相当于古典时期的一个交响曲；第四，他的交响曲通常是管弦乐与人声的交响，特别是著名的《第八交响曲》，被称为“千人交响曲”。

这里我们特别要介绍的是，人声与管弦乐相结合，“世纪末”的艺术风格便凸现出来了。所谓“世纪末”，特指19世纪末的美术、文学、音乐等艺术作品的风格，人类的文化发展已经走到了非常成熟、细致的阶段，转而开始有了颓废衰败的趋向。那是一种物质上极度丰盛，精神上却焦躁、恐惧，濒临忧郁、崩溃的人文精神与生命态度，这种氛围一直延续到第一次世界大战才告终。因此，当时的音乐中一般充斥着强大的撕裂压力，一端是对遥远的古典时期的追忆与幻想，一端是把希望寄托于未来的世界，因此，马勒的每首交响曲几乎都有葬礼乐段，也就不足为奇了。

此时马勒已经开始着手准备两部大制作，这两部作品都成为他后来交响曲的一部分。一部是交响诗《巨人》，这是他的《第一交响曲》的前身。另一部作品是题为《葬礼》的大型葬礼进行曲，这后来成为他的《第二交响曲》的第一乐章。《第一交响曲》可以说是马勒最为自然清新，也是最为人熟知的作品了，到目前为止有上百个录音版本，几乎当代所有名指挥涉及马勒的作品时都会指挥《第一交响曲》。

《第一交响曲》原本有五个乐章，而且都有标题，分别是“无限的春天”“花”“满帆”“搁浅”和“从地狱到天堂”，不过后来马勒去掉了具有小夜曲风格的第二乐章，并且舍弃了所有标题，成为四个乐章的交响曲。在创作此曲时，马勒受德国浪漫时期著名诗人让·保尔的影响颇深，他的小说《巨人》是这部交响曲的直接构思来源，因此它又被人称作《巨人交响曲》。

第一乐章是《旅行者之歌》第二首歌曲《清晨我越过田野》的延伸。乐章开始的导奏长度达到四分钟，总谱的第一面写满了巨大的音符，高低音泾渭分明，长笛奏出鸟鸣的声音，一派清晨的景象。全曲中有许多四度音程的音，因为马勒儿时住在军营附近，对号角有强烈的依赖感，所以音乐中号角的比例也很大。第二乐章是一首带有民俗风味的舞曲，乐器较少，音量较轻。而最有特色的莫过于第三乐章了，作曲家在八岁进入音乐学校时，就已经听熟了上百首童谣，而本乐章就是由法国童谣《雅克兄弟》，也就是我们所熟悉的《两只老虎》的旋律改编而来，将其原本大调的旋律改为小调，搭配鼓声成为葬礼进行曲。

《雅克兄弟》的歌词原本是：“Jacques 兄弟，你还睡吗？晨钟已经敲响，叮叮当，叮叮当！”歌词的每句都重复了两遍。马勒为什么独独挑选了这首童谣进行改编呢？据说是因为前面我们已经提及，马勒给弟妹送葬过多次，其中跟他最要好的弟弟恩斯特 13 岁时生病，马勒每天坐在弟弟病榻旁，抚摸着弟弟的脸庞，给他一个接一个地讲故事。但恩斯特最终还是被死神带走了，《雅克兄弟》改写成的送葬曲，就像坐在床边呼唤死亡的弟弟醒来一般。另有一种说法，马勒看到版画家施温特的著名版画《猎人的葬礼》，一时兴起，萌发了将《雅克兄弟》改写成送葬曲的灵感。

本乐章有 A、B、C 三个段落，A 段音乐即《雅克兄弟》的改写，不同的乐器轮番奏响小调旋律，好像是送葬的行列长得没有止境。B 段音乐表示送葬人员走热了、累了，进入路边一家小酒馆痛快地喝起酒来，喝醉之后大家肆意狂欢，可短暂的狂欢后又是一片沉寂和悲伤，这段音乐有着强烈的吉普赛风格。C 段音乐则是引用了《旅行者之歌》的第四首歌曲《我的宝贝那双蓝色的眼睛》。

第四乐章是这首交响曲中最长的一个乐章，其中包含的情感呈现出两极分化的态势——呈示部的第一主题的音乐好似狂风暴雨，第二主题的音乐则情感深刻。发展部的音乐几乎都是小调，有股隐隐的压力扑向听者，但其中突破与超越的乐段则是以大调呈现。再现部的音乐不仅再现本乐章的第一主题，连带再现了第一乐章的主题，并将四度音程的表现由原先的鸟鸣声升华到了哲学的境界。

《猎人的葬礼》　奥地利画家莫里兹·冯·施温特 1850 年所作版画，马勒第一交响曲中葬礼进行曲乐章的灵感来源

整部交响曲是如此的独特，不仅与莫扎特代表的古典风格大相径庭，也不同于贝多芬以来的任何一种浪漫主义风格。每个初听此曲的人都会感到些许的不适应，而一旦理解和掌握了乐曲发展的脉络和精髓，此曲便成了百听不厌的好曲子，不逊色于任何一首交响曲名作。

但是令人遗憾的是，这样卓越的交响曲在当时并没有得到大众的广泛认可，马勒的作品一向招致激烈的争论和非议，而《第一交响曲》所享受的“待遇”尤为突出。1889 年 11 月 20 日，马勒在布达佩斯亲自指挥了它的首演，这可以称得上是一场“灾难性”的首演了，听众甚至对最后两个乐章喝起了倒彩。在之后的汉堡、魏玛、柏林、纽约等地的演出中，《第一交响曲》一如既往地受到冷遇。尽管如此，马勒还是对这部作品怀有特殊的感情，在纽约首演后他告诉瓦尔特：“前天我指挥了我的《第一交响曲》，明显的没有收获任何反应。然而我确实对这部早期作品十分满意。”

对马勒而言，作曲是他一生的宏愿。当然，像他这样的天才，很难在莱比锡这个没有发展空间的地方长留。他的下一个目的地是尼基什没能成行的布达佩斯皇家歌剧院，在那儿他将开启指挥生涯的第一个高峰。

第4章：指挥生涯新高度

在布达佩斯

19 世纪的欧洲，正在经历着前所未有的剧变。从法国大革命开始燃起的熊熊民族主义烈火，以摧枯拉朽之势烧遍欧洲，当时的匈牙利，也卷入了这一大潮中。奥匈帝国统治下的匈牙利人，不断奋起抗争，试图摆脱帝国的影响，在欧洲政治版图上得到一席之地。在几代人不懈的努力下，他们的政治地位逐渐提升，但是远未达到期望的高度。

政治上饱受压迫的民族转而在文化上寄托民族的精神，布达佩斯皇家歌剧院就是当时匈牙利民族尊严的象征，无数匈牙利人在这里聆听匈牙利语演唱的歌剧，在这一过程中寻找民族认同感。这座歌剧院直到1884年才建成使用，是当时欧洲技术条件最先进的歌剧院之一，可以容纳1200名观众。舞台采用了最先进的水压机械升降装置，音响效

布达佩斯皇家歌剧院

果十分出众。不过就算是拥有这么优良的硬件设施，由于经营无方，在四年后的1888年，歌剧院出现了严重的亏损。

就在这年元月，出身世家的弗朗茨·冯·贝尼兹基男爵受命前来领导歌剧院。他没有音乐背景，不过颇有文化素养和领导才能，一下子就看出了问题的所在。剧院花高

价邀请了多位声名远扬的客座音乐家，可是演出一结束，这些音乐家就与剧院失去了联系。而剧院自己培养的音乐家，最多只能担任次要角色，音乐功底不厚，导致演出质量不稳定。眼下要提升演出水准，重振剧院当年的风采，召回流失的观众，非得延揽一位才华过人又能够独挑大梁的首席指挥不可。

贝尼兹基对古斯塔夫·马勒早就有所耳闻，这位年仅 28 岁的年轻指挥家受到过良好的专业音乐教育，在此前的工作中也小试牛刀，干出了一番成绩。传言说马勒在不凡的音乐修养之外还有高超的为人处世能力，能把剧院里的人拧成一股绳，这正是贝尼兹基求之不得的人才。1888 年 9 月，贝尼兹基与马勒签下一纸合约，聘任马勒为歌剧院的首席指挥。这份合约是马勒签署过的措辞最谨慎的，文本中特别强调歌剧院的民族特色与要求，还规定他要尽快学会匈牙利语。

在当时民族主义盛行的大环境下，聘用一位连本民族语言都不会说的“外人”执掌最高剧院，贝尼兹基有着何等的眼光和胸襟！反对他的人中就有鼎鼎大名的作曲家费伦奇·艾克尔，他同时也是国家歌剧学校的校长，他的儿子桑多尔·艾克尔在此之前一直任执行总监职务。另外独臂的业余作曲家、诗人杰沙·冯·奇屈伯爵也不满意对马勒的任命，他是一位典型的傲慢、保守，信仰民族主义，反犹太的贵族，三年后就是此人接管了歌剧院行政总监一职。

在布达佩斯，马勒将自己的指挥生涯提升到了一个新的高度，这是他第一次全权掌握这么一座规模宏大的剧院，与在莱比锡时自然不可同日而语。皇家歌剧院老化的人员班底需要一次大换血，而马勒迎难而上，他的一生就是在一次次迎接挑战的过程中度过的。

马勒上任之后做的第一件事，就是取消长久以来让剧院演出青黄不接、捉襟见肘的客座制度。他想要建立一支富有民族特色的剧团乐队，这就需要把年轻、有上进心的音乐家们招致麾下。这些音乐家们必须得有足够的耐心和奉献精神，愿意为排演付出全部心力，与剧团一同成长。可要知道，这个做法在当时的欧洲可谓开创时代潮流。无论哪家歌剧院，甚至连维也纳也不例外，最重要的事情就是与大牌歌手签下合约，然后等着他们光临，唱上几场后飘然离去。这样做的结果是一部歌剧中往往几名主角分别用本民族语言演唱，因为这些大牌歌手懒得去学习歌剧原文。他们是剧院营业收入的主要卖点，至于演的是什么剧目，反而不被人们关注。总之，歌剧院沦落为听众追星的卖场，歌剧本身的价值无人知晓。马勒下定决心要努力改变这个糟糕的局面。

在走马上任的头三个月，马勒离开翻译寸步难行，就在这种艰难的条件下，他还是成功推出了匈牙利文的《莱茵的黄金》和《女武神》两部新作。1889 年 1 月，这两部作品作为瓦格纳《尼伯龙根的指环》的头两部剧（一共四部剧，接下来是《齐格弗里德》和《众神的黄昏》）在马勒的指挥棒下首次在布达佩斯上演。他坚持两部歌剧的票必须一起出售，让观众能以正确的顺序观看它们。

此时马勒已将胡髭剃得干干净净，焕发出年轻人特有的朝气。他不屈不挠的精神和极为严苛的要求，使歌手们的演技普遍得到了提高。他坚持歌手要认真对待每一场戏，扮演一个有血有肉的人物。同时舞台布景道具也要与时俱进，不能敷衍了事。另外，马勒也将歌剧院豪华的舞台设施一一派上用场，例如《女武神》最后一幕中众女神的战马坐骑，就用幕后投影的效果取代了可笑的写实制作，像这样的视觉效果革新真是不胜枚举。

马勒在剧目的选择上，除了他奉若神明的瓦格纳之外，也没有忘记另一个天才前辈莫扎特。他很快推出了后者名作《费加罗的婚礼》的全新制作，到了 1890 年又推出了《唐·乔凡尼》。在后者演出时，他把通常是念出的宣叙部的对白恢复为歌唱形式，自己则在乐池中用一架竖式钢琴伴奏。勃拉姆斯听过《唐·乔凡尼》后盛赞这部剧："要想听真正的《唐·乔凡尼》，就该到布达佩斯。"马勒在 1891 年 1 月写给吕尔的信中兴高采烈地说："勃拉姆斯，这位'想当然'谋杀罗特的凶手，当年对我的《悲叹之歌》嗤之以鼻的人，现在成了我最狂热的信徒和恩主。他以前所未有的方式给予我殊荣，像个真正的朋友那样对待我。"

在那个没有唱片和录像的年代，要欣赏大型音乐作品只能听现场演奏和表演。马勒正是依靠精良的制作赢得了爱乐大众的一致称赞，而这又一传十、十传百地给他和剧院带来了更大的名望和收入。正是马勒让匈牙利人体验到了德国在文化方面取得的巨大成就。一时间，他和剧院都成为冉冉升起的新星。

这些演出毫无疑问都是采用匈牙利语的唱词和对白，受到了当地歌剧爱好者的热烈欢迎，同时也引来了纯粹主义人士的猛烈攻击，他们认为翻译后的唱词不能准确地表达作者的思想。但是马勒清醒地认识到唯有如此才能吸引

马勒像

大批民众前来观赏，同时也能够减少反对他上任的民族主义人士的恶言恶语。试想，现在我们在欣赏外文歌剧时可以阅读剧院两旁屏幕上的中文字幕，这也是最近几十年才有的事，即便如此，观众往往对外文还有些抵触情绪，毕竟观看表演时还要分些精力出来，了解主人公唱了什么。而在这之前，观众只能记住唱词的意思或者学习外语。可想而知，是否使用本民族语言表演对演出效果起到了至关重要的作用。

马勒推出匈牙利语歌剧的做法被时间证明是十分正确的，演出水准日臻提高，剧院财务扭亏为盈，公众们也给予这位年轻指挥前所未有的支持和赞誉。尽管如此，在就任不到两年的时候，他还是受到了民族主义人士猛烈的抹黑攻势，理由是偏重德国作曲家的作品。马勒感到十分委屈，他如此尽心尽力地排演，到头来还要受到这样无端的指责。事实是当时根本没有什么有分量的匈牙利作曲家的作品，经典作品还是以德国的居多。在选择曲目时首先考虑它内容的好坏，而非来自哪个国家——马勒就是这样很严肃地从纯音乐的角度挑选作品，无疑听众也更看重作品内容。

当然在保证质量的前提下，马勒也绝不拒绝求新求变。

他曾经将反对他的费伦奇·艾克尔的一出歌剧《布兰科维斯·乔奇》搬上舞台，也适时地推出了意大利新兴的“写实主义”风格歌剧。在1890年，他指挥了马斯卡尼《乡村骑士》的演出，相对于该剧数月前在罗马的首演，这次演出引起了更大的轰动。

正是在布达佩斯，马勒确立了自己的指挥和管理风格，并依靠这卓有成效的处世方式，在未来数十年中带领一家又一家剧院书写辉煌。

惜别匈牙利

1891年秋天，马勒在音乐学院时期的一位老朋友，也是在未来十年里常常陪伴他左右的红颜知己娜塔莉·鲍尔·莱希纳正在布达佩斯做客。这位精力充沛、略有些“老处女气”的小提琴和中提琴演奏家在五年前同丈夫离婚了。此时马勒的妹妹贾丝汀娜刚刚离开这里回到维也纳，

马勒作品封面

对这位替代妹妹的女性伴侣马勒十分欢迎。他自己搬进一家旅馆，而让她住进自己的寓所。从娜塔莉后来的记载中我们可以看出当时马勒面临的诸多困境，他与两位歌唱家卷入了一场针锋相对的交锋之中。后者声称，马勒在一次斥责中大大冒犯了他们。嗅觉超群的报界立刻抓住此事大做文章，给愈演愈烈的民族情绪火上浇油。娜塔莉记得，马勒每次出现在布达佩斯街头，人们都会停下脚步默默地注视他。

尽管马勒在布达佩斯的人气和名声与日俱增，不过遗憾的是，听众对他的支持并未阻遏民族主义势力日渐增长的敌意，同时久居国外的马勒也开始怀念起德语演唱的歌剧了。就在就任次年，即 1889 年的 2 月 18 日，他长年卧床不起的父亲撒手人寰，没过多久母亲和大妹蕾波汀娜也相继辞世，由于布达佩斯的事务繁忙，他甚至没能抽空回家一趟为母亲奔丧——从这一点我们似乎也可以看到马勒始终将工作放在高于一切的地位上，这也暗暗预示着他未来婚姻的不幸。强烈的入世精神和不屈不挠的进取心似乎不允许他做出放弃音乐和指挥的选择，因而在外人看来他似乎是铁石心肠。不过这个决定还是让他内疚了好久，幸而此时好友弗里德里希·洛尔在复活节期间来访，稍稍给了他一些友情上的慰藉。与好友久别重逢，两人都非常欣喜，一同漫步于多瑙河畔，马勒向他提及了正在构思的《第二交响曲》。当时马勒母亲的病情急剧恶化，加上繁忙工作中种种烦心事，可以想见他乡遇故知的马勒心中是何等快慰。

马勒在创作《第二交响曲》时，像一位哲学家一般用乐句反问：人为何被生下来，在世间承受着痛苦，这是否是上帝开的玩笑？他认为心中既有疑问，就一定会寻找到答案。马勒将他的答案蕴藏在第五乐章。该乐章的灵感来自1894年3月29日，马勒参加彪罗的葬礼时，听到圣诗《复活》，他感动万分，于是就以《复活》作为生命的答案。

第一乐章是葬礼进行曲，葬礼上埋葬的英雄就是《第一交响曲》中的那个巨人。旋律纯朴而细腻，音乐起始有着田园风格，象征着回到美好往昔。第二乐章结合了兰德勒舞曲与圆舞曲的风格，兰德勒舞曲原本是维也纳乡下的舞曲，后来被带到宫廷，演变发展成我们所熟悉的圆舞曲，例如约翰·施特劳斯所作的圆舞曲。弦乐合奏的主题极为优美动人，较海顿、舒伯特等前辈的兰德勒舞曲写得更为精致美妙。第三乐章是个诙谐曲，有着“无穷动”（最著名的是《野蜂飞舞》）的风格，乐器使用重视竖笛，一般小提琴和竖笛代表魔鬼。本乐章的前身是马勒写过的一首声乐曲《圣安东尼对鱼的说教》，这首歌曲源自于德文世界最重要的民间诗歌集《男童魔号》。第四乐章名为“神光”，源自马勒《男童魔号》的最后一曲。本乐章时间很短，大约只有五分钟，听起来像是末乐章的导奏。第五乐章往往紧接着第四乐章演奏，整个乐章可分为器乐的前段

Symphony No. 2 "Resurrection"
MAHLER
SUPRAPHON
STEREO
BEŇAČKOVÁ
RANDOVÁ
CZECH
PHILHARMONIC
CHORUS AND ORCHESTRA
VACLAV NEUMANN
Thunovský palác, Praha, Malá Strana

马勒作品封面

与声乐的后段两部分。器乐的前段具有强大张力，爆发出暴风雨般的音响效果，刻画了人类在20世纪面临的精神和肉体的痛苦。加入了声乐的后段，由女高音独唱和合唱，徐缓而庄严地唱出了充满神秘感的《复活颂歌》。当结尾的复活之音响起，钟鼓齐鸣，庄严的风琴也加入乐器和人声的大合唱中，各色音效融为一体，形成了强大而欢乐的高潮，“复活”的信念为人类带来了对未来的美好设想。

到了1891年元月，鼎力支持马勒革新的贝尼兹基辞去了行政总监一职，接任的是奇屈伯爵。这让马勒失去了靠山，他在歌剧院的处境急转直下。奇屈想尽办法削弱他的权力，最终目的是把他赶出歌剧院，赶出布达佩斯。奇屈写信给比马勒年长四岁的奥地利指挥家菲利克斯·莫托，希望他能来担任布达佩斯歌剧院总监，这封信被莫托原封不动地转交给马勒——想想马勒先前写给彪罗的求援信的命运，真是讽刺意味十足。

面临如此险恶的环境，马勒的冷静和智慧让他在这场博弈中笑到了最后。他先是不动声色地与汉堡歌剧院的贝恩哈特·波里尼私下接头，虽说马勒是被“赶”出匈牙利，不过错不在他，实践证明他已经做得足够好了。等到下一份工作的合约已经放在马勒桌上时，他才回过头来与奇屈谈条件。马勒主动表示愿意将原先签订的为期十年的合约缩短为两年，条件是在合约终止之时拿到 25000 盾的赔款。奇屈一听，开心得冲昏了头脑，一笔钱就能把自己眼中的瘟神打发走，何乐而不为呢？

1891 年 3 月，马勒如愿以偿拿到了这一大笔意外之财，正好可以用它在维也纳购置一处房产，安置他的弟弟妹妹们。成功除掉眼中钉的奇屈得意扬扬，不过他很快就笑不出来了，原来马勒早就安排好了在汉堡的出路。他不但向仇人双手奉上一大笔离职金，而且在大众眼中落得个嫉妒他人的恶名，这恐怕是他做梦也没想到的结局。观众们自然是目光如炬，3 月 16 日上演的由新指挥担纲的《罗恩格林》一剧，在全场一片排山倒海般的"马勒万岁"和"打倒奇屈"的口号声中落幕。

但是马勒已经离开了，这个事实无法改变。为了欢送匈牙利的英雄马勒，布达佩斯各界为他举行了盛大的欢送仪式。马勒收到各界给予的诸多殊荣，包括一支黄金制成的指挥棒、一顶绘有匈牙利国旗色彩的桂冠，以及一只镌刻如下字样的花瓶："致天才艺术家古斯塔夫·马勒。他在布达佩斯的仰慕者敬上。"布达佩斯对于马勒而言真是一个宝地，在这里他名利双收，其短短两年内为推动歌剧事业发展做出的努力被匈牙利人牢牢铭记、代代相传。

更加难能可贵的是，到了后来，以奇屈为首的民族主义者也有人承认了马勒的卓越贡献。费伦奇·艾克尔在马勒逝世后评价他："这个日耳曼的犹太裔人，是把语言混杂的匈牙利歌剧院转变为大一统的民族机构的先驱。"

在汉堡

两个星期之后，马勒已经在汉堡的新职位上开始工作了。他难掩满心喜悦，自己在整个欧洲兜兜转转一大圈，终于又回到了一个说德语的地方。这里的一切在他看来都是那么亲切可爱。他在写给妹妹贾丝汀娜的信里说："你很难想象这座城市是多么的美丽而富有活力。"

剧院总监贝恩哈特·波里尼也为自己求得一位贤才而极为欣喜。为了表达对马勒的敬意，贝恩哈特将自己的别墅清理出来给他暂住。这里气候十分宜人，幽静的别墅周

汉堡歌剧院（现为汉堡音乐厅）

围是郁郁葱葱的树林，时值春季，知更鸟的叫声常常唤起人愉悦的情思。马勒住在这里，健康和体力逐日恢复，很快就加入到剧院的日常排练中。在古典音乐气氛浓郁的汉堡，马勒能够无所顾忌地指挥自己中意的剧目，良好的剧团设施和充裕的活动资金都归他调遣使用。在金碧辉煌的汉堡歌剧院，他似乎可以站到比布达佩斯更高的舞台上大显身手。

只是没过多久，马勒就发现事情并非那么如意。当时汉堡经过多年发展，已经一跃成为德国第二大城市。作为市民重要社交场所的汉堡歌剧院，在汉斯·冯·彪罗和贝恩哈特·波里尼的带领下，已经成为全德国乃至全世界音乐界关注的焦点。前者就是七年前在卡塞尔那个小剧院拒绝接收马勒的信函而让马勒处境难堪的指挥家，后者则专职做剧院经理人，精于管理剧院，对观众的品位爱好和赚钱生财之道了如指掌，这样的人并没有推广歌剧事业的无私理想。其实波里尼原本也是个唱歌剧的歌手，不过显然让他扬名立万的并不是他的演唱才能。他曾经率领一支意大利巡回剧团到俄国演出，在此期间他的经理才能得以展现。等到积累了一笔可观的财富之后，他来到汉堡歌剧院，满脑子装的都是让剧院赚得盆钵满盈的好点子。波里尼与剧院签下合约，他拿到剧院2.5%的营业收入，作为条件，他担保让剧院的经营蒸蒸日上。

早在马勒抵达汉堡前，波里尼已经为剧院带来了相当可观的票房收入，而马勒的到来必然使剧作的音乐水准上了一个新台阶，给演出的成功再加一层保险。波里尼主要的手段是邀请一流歌手来汉堡，同时任用声名远扬的汉斯·冯·彪罗为音乐总监，尽管很多时候他并不认同这位总监的观点。现在他延请马勒来此，就是打算让马勒成为彪罗的接班人，乖乖地为自己的赚钱事业服务。

马勒意识到波里尼的方针是票房至上时心里一凉——这里推出的歌手阵容当然没什么可以挑剔的，不过他在布达佩斯花了好大力气抛弃的红牌客座制度此刻又死灰复燃了。波里尼费了好大劲儿邀请当时欧洲最有名的歌手们，与他自己的合约一样，他也向这些名歌手们承诺按收入分红，这使得剧院几乎随时都能凑齐一个漂亮的阵容。而为了达到资源的最有效利用，提高收入水平，波里尼毫不留情地订出了一个紧锣密鼓的演出场次，几乎每天晚上都要上演一部不同的歌剧。马勒刚刚抵达汉堡两个月，就指挥了瓦格纳的全部重要歌剧、莫扎特的《唐·乔凡尼》和《魔笛》、贝多芬的《费黛里奥》、韦伯的《自由射手》，以及马斯卡尼的《乡村骑士》等。

剧院的排演任务如此繁重，让马勒根本没有时间对表演精雕细琢，这对于力求完美的他来说这真是件烦心事。他总是耐心地向乐手们提出各种严苛的要求，在达到自己心中的理想效果以前长时间超负荷排练。不过显然波里尼追求的不是高超的歌剧制作水平，灯光、布景、服饰、舞台调度都是能省则省。所以在马勒眼中，即便演唱的歌星再大牌，也无法弥补一部歌剧整体艺术表现的短板。

不过正因为在歌剧制作理念上有不可调和的矛盾，马勒才在这段时期较多地转向相对稳重平和的交响乐世界。在汉堡，严肃的演奏艺术依旧比较保守，而不像歌剧那样一味追求创新和娱乐。这种矛盾也让他进入了一种更加投入、更加具有创造力的作曲家的生活中。他的交响乐和艺术歌曲一面遵循，一面又颠覆了传统的形式和主题，而这独具一格的风格又让他的作品得以流芳百世。

1891 年 12 月，汉堡迎来了一位远道而来的贵客——俄罗斯音乐巨匠柴可夫斯基。他出生于 1840 年，比马勒整整大了 20 岁，可以说是他的父辈了。此时的柴可夫斯基已经闻名欧洲，这次来是为他的歌剧《叶甫盖尼·奥涅金》的德国首演做最后的准备工作。马勒与柴可夫斯基的音乐

俄国音乐巨匠柴可夫斯基

创作理想有很大分歧，马勒甚至认为后者的《第六交响曲》（称“悲怆”）是浅薄之作，但是风格的不同并不意味着他们不能平等交流和互相学习。马勒在给妹妹的信件中称赞他是“很容易亲近、态度优雅的老绅士”。他亦很喜爱柴可夫斯基的歌剧《黑桃皇后》，一生中在多座剧院中指挥过此剧。

柴可夫斯基作为贵宾欣赏了马勒指挥的《汤豪舍》，当即决定把《叶甫盖尼·奥涅金》的指挥权交给这个晚辈。虽然该剧坚持了波里尼一贯的寒碜的表演风格，不过由于马勒指挥得当，还是取得了不错的演出效果。歌剧作者也颇为满意地评价道："马勒身上有的不是常人的资质，他仅仅是一个燃烧着强烈指挥欲望的'天才'。"

1892 年夏天，在波里尼的安排下，马勒第一次也是他生命中唯一一次去英国做旅行表演。科文特花园皇家歌剧院想要举办一场德国歌剧季，剧院由奥古斯特·哈瑞斯爵士主持，他原来希望邀请维也纳国家歌剧院的名指挥汉斯·李希特前来做客座指挥，不过后者的名头实在是过于响亮，此刻分身乏术。波里尼看出这是一个让自己剧院的指挥扬名欧洲的好机会，便极力推荐马勒，同时，汉堡剧院的名歌手们也纷纷赶赴英国助阵。一时间，英国境内歌剧人才济济，一场场好戏即将上演。

马勒抵达伦敦后不久，《星期日泰晤士报》的乐评家赫尔曼·克莱恩就去观看了马勒指挥的排练，并描述了他眼中的指挥家："马勒 32 岁，正当壮年。他的个子不高，体格瘦削敦实，深褐色的头发，在一副大大的金丝边眼镜之后，小小的眼睛闪烁着锐利的光芒，友善的眼光射向你。像他这样才华横溢而又声名远扬的指挥家，这么谦和友好实在是难得。……我逐渐了解到他指挥的独特魅力和过人之处。他首先分部排练乐团，乐手们很快就领会了他的意图，接着是合练和综合的音响效果的调整。马勒的《尼伯龙根的指环》不同于我们在伦敦观看过的所有演出，他指挥的乐曲有着观念上的协调和乐团与歌手之间的丰富表情。”这次演出也是剧院历史上第一次演出全本的《尼伯龙根的指环》。

从6月8日到7月23日，马勒指挥了18场演出。伦敦当时的演出习惯是把歌剧翻译成英文演唱，因此对于大多数观众来说，这是他们第一次得以一窥德语歌剧的原貌。值得一提的是，之后用原文创作的歌剧演出成为科文特花园皇家歌剧院的一大特色。马勒指挥棒下的瓦格纳的作品得到了大家一致的好评，可是像贝多芬的《费黛里奥》却引来了诸多争议。马勒已经习惯于将第三号《莱奥诺拉》序曲插在第二幕两个景之间作过门演出，这对于奉贝多芬为圭臬的乐评家来说接受起来一时有些困难。听众席中坐着不少未来英国音乐界的精英，比如创办著名的“逍遥音乐节”的亨利·伍德，和皇家音乐学院作曲系的学生拉尔夫·沃恩汉·威廉。

这个歌剧季让伦敦的爱乐大众们耳目一新，他们不像理论家使用各种专业术语处处挑剔，只要是音响效果好的，能够打动他们心灵的就是好音乐。马勒在写给汉堡友人阿诺德·伯林纳的信中毫不掩饰自己的得意：“他们对我的赞赏简直无以复加，喝彩声一浪高过一浪，每一幕演完我都得不厌其烦地谢幕——全场听众齐声高喊‘马勒’‘马勒’，直到我现身为止。”

在汉堡歌剧院，马勒逐渐成为独当一面的指挥家，部分原因是汉斯·冯·彪罗在1891至1892年的演出季健康状况日益恶化，并在1894年逝世，这给马勒进入交响乐指挥界铺平了道路。但是马勒为他的早逝感到十分惋惜，在汉堡的长年共事早已让两人摒弃前嫌成为知己。马勒发现彪罗内心的理想主义成分并不逊于他，而彪罗似乎更乐意将这种理想主义用戏剧化的、决不妥协的方式呈现出来。和马勒一样，他也与许多剧院经理有过激烈的争执。在深入了解彪罗之后，马勒对这位老一辈知名音乐家的崇敬之心愈发热烈，彪罗也甚是喜爱这位跟他一样有倔脾气的后生。以至于马勒总是把靠近指挥台的显要座位留给彪罗，还时不时地在指挥台上与他对话，似乎整场演出不过是这两人的窃窃私语罢了。

1894年，马勒还指挥演出了洪佩尔丁克的歌剧《汉泽尔与格蕾泰尔》，此时距离理查·施特劳斯在魏玛指挥它的首演正好一年。马勒的支持者，奥地利音乐评论家理查·施佩希特在回忆他第一次在汉堡聆听马勒指挥时写道：

马勒像

皇家阿尔伯特大厅的演出盛况

《女武神》。开场的钟声响起；音乐厅里安静了一些，有几个人仍旧在找座，还有些人在聊天。此时，一声轻微的耳语“啊，马勒来了”传遍了整个剧院。一个身材瘦小却精明强干的男人迈着沉重的步子，快速穿过乐队。他表情十分严肃，既充满激情又像大师一般的坚定沉着。他站上指挥台，把他闪亮的眼镜片转向前排座位看了一眼，然后打出了斩钉截铁的开始手势：暴风雨与雷鸣的主题瞬间像闪电一样在较低的弦乐部分掠过。但是音乐厅里依然有些吵嚷之声。马勒不自觉地做出了一个不耐烦的手势，可是噪声还在继续。他当机立断停止指挥，放下指挥棒，转过身来面向观众，双手抱胸镇定地下命令：“请安静，我可以等。”即刻便是死一般的寂静。然后，在这部美得令人窒息的作品最为安静的开始时刻，一阵骤雨般的掌声打破了全神贯注的沉默。

我们现在甚至可以想象到马勒转身的那一刻，全场观众讶异的表情和凝固的笑容。在那个用高雅音乐点缀富贵人生的年代，观众们普遍没有严肃对待充满哲思和内涵的近代歌剧作品的习惯，但凡是听过马勒指挥的歌剧的人，或多或少内心都会有些变化吧。在歌剧这种古老的艺术形式向现代转型的路上，马勒可谓居功至伟。

逍遥音乐节

逍遥音乐节（The Proms）是每年夏季在英国伦敦的皇家阿尔伯特大厅举行的古典音乐节，也是世界上最大型的古典音乐节。“Prom”即是“promenade concert”的简缩，意为“散步音乐会”，参加音乐节的观众可以在音乐会期间在会场内随意走动散步。1894 年，阿尔伯特大厅新任的青年指挥家亨利·伍德向时任经理提出，希望在此举办一个专门面向古典音乐入门级别的观众的音乐节。次年，第一届逍遥音乐节诞生。今天，逍遥音乐节已经走过了将近 120 年的岁月，虽然内容已经发生了天翻地覆的变化，但是亨利·伍德为音乐节制定的宗旨仍然不变：以最高的演出水准，为大众献上最多样化的音乐。2010 年马勒诞辰 150 周年之时，逍遥音乐节为他举行了专场纪念演出，2011 年马勒逝世 100 周年之时亦有纪念演出。

“作曲小屋”一号

尽管马勒收获了大众的首肯，可是汉堡日益繁忙的职务逐渐让他感到不耐烦。1892 年夏季之后，他再也抽不出空当来创作他想表达的曲子。在他眼中，指挥始终是副业，是表达别人的想法，作曲才是他生存的意义所在。指挥事业的成功理应让他有足够的时间和心情去创作，眼下当务之急就是把这个想法付诸实践。他曾经用一句话表达心意：“我靠指挥活着，但我活着是为了作曲。”

1893 年，马勒终于在这方面跨出了一大步，他第一次为自己找到了一处风景优美，可以安心创作的地方，在此后的岁月里，他将在这里创造属于自己的辉煌。

在林木葱郁的阿特尔湖西岸有一个小镇，名叫施坦因巴赫。这个地名的德文拼法是 Steinbach，“bach”的意思就是溪水，巧合的是，音乐史上赫赫有名的约翰·赛巴斯蒂

“作曲小屋”一号

马勒的红颜密友娜塔莉·鲍尔·莱希纳

安·巴赫的姓也是同样拼法，好似冥冥之中有股神奇的力量把马勒与伟人联系在一起。这里有一家旅店，名叫弗廷格尔，在马勒时代，它被人称作“霍伦山老客栈”。马勒的“作曲小屋”就坐落在旅店近旁的临湖草地上，那里正好有一块伸进湖面的长长的陆地。马勒就是坐在这里每天眺望湖水，波光粼粼的大湖一览无余，清风徐来，让人神清气爽。清晨日出之际，太阳慢慢地把整片湖面染上醉人的金黄，周围一片寂静，连鸟儿都屏气凝神感受着这大自然神秘宏伟的力量。待在这样美丽质朴的小屋里专心创作，对于长期应酬于剧院各色杂务的马勒来说真可谓人生一大乐事啊！

这个小屋是马勒的建筑家朋友舒尔夫林格一手打造的杰作，它有三个大小不一的窗户，一扇不大的门。现在如果我们去参观，屋内陈设基本保持原样，一张桌子，一把椅子，一架钢琴和一个壁炉，这是20世纪80年代国际马勒协会将小屋辟为纪念馆而做的恢复。在此之前，小屋的价值并没有得到当地人的重视，他们把它当作洗衣房、浴室、屠宰屋、厕所、工具房使用。不过正是因为有这些不起眼的用途，这间小屋竟然奇迹般地保留到现在。

从1893年到1896年，马勒在施坦因巴赫连续度过了四个夏天。他不是一个人工作，他的两个妹妹贾丝汀娜和爱玛、弟弟奥托、红颜密友娜塔莉·鲍尔·莱希纳陪在他的身边。他们各司其职，娜塔莉·鲍尔·莱希纳每日陪马勒散步，并写下详细的日记，弟弟奥托肆意地享受着兄长的关爱，两个妹妹无微不至地细心照料马勒的起居。为了给哥哥的创作尽可能营造安静的环境，她们想出不少点子，又是树立稻草人来驱除整日聒噪的乌鸦；又是花钱打发掉走得太近聒噪难忍的乡村乐师；又是把挂着牛铃的牲口赶得老远，甚至把吵闹的鸡鸭统统买来烹掉，做成大餐给写曲子写得饥肠辘辘的马勒补充营养。然而这一切都是背着马勒悄悄进行的，作曲家恐怕并不知道他在小屋里任凭乐思奔涌时，围绕他的寂静是多么来之不易。但这些似乎过于日常凡俗的声音其实没有躲过马勒敏锐的耳朵，他把它们一股脑儿写进了他的交响曲。马勒曾说过一句名言："在我的交响曲中，整个自然界都发出声音。"这句话用来形容他的《第三交响曲》再合适不过了。根据日记，1896年6月27日那天，马勒与娜塔莉·鲍尔·莱希纳照例在晚饭后一起散步，当他们听到山村中鸡犬、人声交汇成一片时，马勒情不自禁地说道："你听见没有？这就是复调音乐，我的曲子就是这么来的。"当时他正沉醉于交响曲的创作中，这段话点明了这部作品最大的特色。

这首交响曲于1902年首演，由理查·施特劳斯指挥。1904年的第二次演出，则是由马勒亲自指挥。这部作品原本有七个带标题的乐章，分别为："夏天来了——酒神的行列""草地上的花对我所叙述的""森林中的动物对我所叙述的""黑夜对我所叙述的""晨钟对我所叙述的""爱对我所叙述的"和"天堂的生活"。后来作曲家把第七乐章放到《第四交响曲》里去了，所以《第三交响曲》乐曲由六个乐章组成。从第四乐章开始，女中音独唱加入，第五乐章有女中音及女声合唱。

这七个乐章有内在的逻辑关系，从酒神代表的生命原始冲动到草上的花、森林中的动物、黑夜、晨钟、爱及天堂——正是人性升华过程的象征。这样的安排或多或少地借鉴了贝多芬的《田园交响曲》：从第一乐章"到乡下的愉快心情"到第二乐章"小溪旁"、第三乐章"农夫愉快的聚会"、第四乐章"暴风雨"（象征苦难）、第五乐章"感恩之歌"，也表达了生命必经的历程。马勒的《第三交响曲》给人留下最为深刻印象的是长达半个多小时的第一乐章。标题中的"酒神"在希腊文化中是"感性"和"黑夜"的代表，与之相对立的是"太阳神"，是"理

马勒《第三交响曲》碟片封面

性”和“白天”的代表。从第一乐章到第六乐章，从植物世界进化到动物、人类和天使的世界，只有“爱”才可能对这一切无所不包。这种爱在马勒看来是超脱于所有其他世界之上的永恒之爱，在给密登伯格的信中，他进一步解释道：“在这部交响曲中，我所讲的与你感受到的和认为的爱情是完全不同的。第六乐章的格言是‘上帝注视着我的这些创伤！不要让你的一个生灵丧失！’我亲爱的安娜，你现在明白我在这里讲的爱了吗？它是那个最高点，在这个最高点的层面上世界能够被看到。我可以给这个乐章起名为‘上帝对我所叙述的’这样的标题……我的作品是一部音乐的诗歌，它一步步地上升，走过了所有发展的阶段。它开始于无生命的自然，最终上升到上帝的爱！”

夏季一结束，马勒就得回到汉堡继续投入繁忙的指挥事业中。为了稍稍减轻马勒的工作量，波里尼决定为他招募一个排练和合唱指挥。消息一出，音乐学院的毕业生们蜂拥而至，在过五关斩六将后，有一位年仅 17 岁的年轻人脱颖而出，并在将来的岁月里成为马勒的忠实拥趸和忘年之交。这个年轻人的名字叫作布鲁诺·瓦尔特，他给我们留下了有关马勒最生动活泼的一些回忆与观察。

瓦尔特最初开始注意到马勒，是因为听到了对《巨人交响曲》评价极为糟糕的传言。他很好奇写出这样一部充满争议的作品的人是什么模样，于是便前来应聘，没想到一举成功，获得了波里尼的青睐。瓦尔特在他后来写下的《主题与变奏》一书中，描写了他与马勒第一次会面的情况：

我一眼就认出了马勒，我看到了一位瘦削、躁动、矮个儿的男士，他的额头高得超乎常人，乌黑的头发堆在脑门旁，戴着眼镜的双目发散着锐利的光芒。波里尼为我们相互介绍，我们就谈了一会儿。后来马勒的妹妹咯咯地笑起来，向我转述了马勒对我们这番谈话所作的亲切而颇有玩笑意味的描述。马勒说："你就是新来的排练指挥咯，钢琴弹得好么？"我回答说："好极了！"因为我感到在这样见识非凡的大人物面前没必要故作谦虚。他又接着问我："那么你能够很好地即席读谱么？"我又据实以告："能，很好。""那你对经常上演的剧目熟悉么？"我又一鼓作气答道："都熟得很。"马勒一听放声大笑，亲切地拍着我的背，说了一句话结束了这番交谈："很好，很好呀，这听起来像是个不错的开始。"

瓦尔特当时真是稚嫩得可爱，才有这番初生牛犊不怕

马勒和瓦尔特（右）

虎的表现。不过马勒很快感觉到他所言不虚，确实是满腹才华，便处处给他教导与提携。马勒与他在同事关系之外，很快成了推心置腹的朋友，尽管瓦尔特只有马勒的一半岁数，可是在音乐的话题上，两人共同的观念让谈话可以无所不至。在辛苦的排练之余，他们在聊天上消磨了许多时间，讨论当时最有名的哲学家，如叔本华、尼采、陀思妥耶夫斯基等等，或者是在莫扎特、舒伯特、舒曼和德沃夏克的钢琴四手联弹中寻找共鸣。瓦尔特回忆起这段往事时，总是充满感激之情：

我感觉自己早已“登堂”，却在马勒这儿“入室”。他的形貌与举止，对于我而言犹如天才甚至是魔鬼的化身，我仿佛能在片刻之间置身于传说之境。马勒摄人心魄的人格魅力实在是难以用语言形容，我只能说对于我这么一个年轻的音乐家，这股力量产生的影响之大，足以使整个人生转变航向。

瓦尔特当然也注意到了他的偶像有时脾气不佳，但是在他眼里这些小瑕疵就好像是树干上的树瘤，是那么让人着迷：

他排练指挥时所展现的无上的热情、专注和强度，在他下了指挥台后同样表现在他的语言中，这一点给我留下了很深的印象。他不满意我的话时会激烈而毫不留情地反驳我。……他会突然间像是想到什么似的一下子沉默不语。如果我说了什么让他中意的话，他会立即给我一个会意的眼神。还有他那突如其来的、透露着他内心悲痛的扭曲表情，还有更加古怪的走路姿态：突然跺足，一下停住，一下又迈开大步走起来——这一切都证实并且强化了他给人留下的充满魅力的印象。

马勒这么器重这位晚辈，在夏季待在作曲小屋里创作音乐时自然会邀请他来游玩。1895 年夏日的一天，两人在山间散步时，马勒突然转身，盯着瓦尔特，一脸自豪地说：“不必再多看了！这里的一切都被谱进我的乐曲中了！”

这间作曲小屋随着弟弟奥托 1895 年的自杀和马勒 1897 年的皈依天主教而结束了它的使命。在马勒迁居维也纳后，他将在“作曲小屋”二号和三号里续写最美的乐章。

向维也纳进发

就在 1895 年夏季休演期间，汉堡歌剧院出了一件丑闻。美国人用高薪挖走了副指挥奥托·劳瑟，他不声不响地单方面与剧院解除合约，带着妻子，也是剧团的首席女高音卡塔琳娜·克拉芙丝姬远走大洋彼岸。波里尼让瓦尔特接替劳瑟的职位，而克拉芙丝姬留下的空缺则由时年未满 23 岁的安娜·冯·密登伯格来填补。美丽动人的密登伯格是拜罗伊特的大明星罗莎·帕比尔推荐的，后者的确是独具慧眼，在不久的将来密登伯格就将成为与她一样出众的瓦格纳的诠释者。

对于马勒来说，这位年轻的女歌唱家不仅仅是他事业上的合作伙伴，更是在他人生中谱写了重要篇章的女人——马勒与她发展了一段有生以来时间最长的，也是最轰轰烈烈的恋情。两人后来也在维也纳歌剧院延续了多年

安娜·冯·密登伯格

的合作关系，创造了至今仍然让人津津乐道的黄金时期。

马勒第一次注意到密登伯格时，就意识到她的前途不可限量。不过波里尼倒是对她纤细的身形稍有不满——在传统的观点看来，只有身形庞大、中气十足的歌手才能演绎瓦格纳，因此波里尼还曾托人转告她说要“努力加餐饭”。马勒倒并不觉得身材与演唱效果有必然的联系，他反而在密登伯格身上看到了一种新的戏剧审美趣味。美貌和歌喉并存的密登伯格代表了新一代歌剧女星的典型，马勒决定悉心栽培她。

在与马勒初次见面时，密登伯格心中惴惴不安，她担心这个“暴君”之名远扬的指挥不会给初出茅庐的她什么好脸色。然而她的疑虑很快就烟消云散了，因为马勒不厌其烦的指导让她在艺术上进步神速，而每日频繁的接触让两人很快坠入爱河。在马勒的提携下，密登伯格不断地激发出自己的潜能，因而她对马勒始终怀有景仰之情。

1897 年的夏天，马勒没能像往年一样待在作曲小屋里安心作曲，剧院的杂务让他操碎了心。波里尼的陈旧观念和行事风格，让他感到在工作中束手束脚。何况剧院总监和当红女歌手传出绯闻，引来各色风言风语，也让他在汉堡的社交圈中感到难堪。一直追求更高境界的马勒，将目光投向了古典音乐的圣地维也纳。

此前马勒的跳槽，虽然也遇上过大大小小、形形色色的麻烦，不过跟剧院协调后总归得到了妥善的处理。这次他想要去的维也纳，却用“宗教”这堵看不见的高墙把马勒拦住了。当时在欧洲，天主教占有绝对的统治地位，别说是维也纳，就连柏林、慕尼黑、德累斯顿这样的音乐重镇也不敢启用非天主教徒，更别说是一个犹太人。马勒为了实现进军维也纳的梦想，甚至向对立阵营的勃拉姆斯求助，但是并无收获。宫廷中的高官只能由天主教徒担任，这是一条不成文的规定。此时马勒面前就只有皈依天主教这一条路可以选择。虽然身为犹太人，但他向来不热衷守卫犹太教信仰，反而常常以一种审美的姿态看待宗教活动，这也可以解释他为何对天主教神秘的祭典仪式持有相当的兴趣。所以总的说来，马勒并不必对自己改宗感到过分的内疚。

马勒可能进军维也纳的消息很快在全城传得沸沸扬扬。以剧院首席指挥汉斯·李希特和副指挥尼波穆克·傅克斯为首的反对派立即行动起来。他们获得了瓦格纳的妻子柯西玛·瓦格纳的有力声援，她一贯的反犹态度让马勒从未获得过指挥拜罗伊特音乐节的邀请。要知道，马勒可是瓦格纳的忠实信徒和诠释者啊！

然而歌剧院的行政总监约瑟夫·冯·贝索兹尼下定决心要延揽马勒这位英才。同过去聘任马勒的诸多剧院总监一样，他深知只有马勒这样意志坚定、品格高尚、才华出众的指挥，才能为歌剧院开辟一番新天地。而前进的道路上，一定会有很多场与维也纳“卫道士”们的艰难战役。音乐圣地维也纳是以老成庄重为上，年轻和创新的价值在这里无人承认。

马勒曾在1894年给弗里德里希·洛尔写过一封信，当时他就对维也纳的作风深怀不满：“假如我真的来到维也纳，以我对待工作的态度，会得到什么样的结果？一想到要把我对贝多芬交响乐的诠释，塞给大众敬畏的汉斯（李希特）一手调教的著名爱乐管弦乐团，毫无疑问马上就会面临一场令人心烦的苦战。……每次我稍稍打破陈规，加入一点儿自己的诠释，就会引来不小的风波。”

尽管有些波折，马勒的聘任还是有惊无险地通过了：5月1日，他获聘为宫廷乐长。之后不久，他写信给阿诺德·伯林纳，表明自己的强硬态度：“到现在为止，维也纳的使命只给我带来了前所未有的困扰，我深知前面还有更多的硬仗要打。我到底该不该留在此地，只有留待时间

维也纳国家歌剧院的金色大厅

回答。我能做到的，只是横下心来，准备在这一年中与那些不愿意或是没能力（这两者常常合二为一）与我合作的人斡旋。尤其是汉斯·李希特，据说他将使尽浑身解数与我为敌。……然而我要回到祖国，我决定要结束我漂泊的生涯。”马勒的进展实在是神速，不到一年时间维也纳就臣服于他。7 月 13 日，他受命担任宫廷歌剧院的艺术副总监，仅仅居于 1881 年起担任总监的威廉·杨恩之下。10 月 8 日，宫廷又宣布将他晋升为首席指挥兼艺术总监，剧院大权几乎由他一个人独揽，待遇上的优厚更是超乎他原来的想象。马勒在 37 岁的壮年，终于回到了音乐上哺育他、启蒙他的故土维也纳。

这件事至此已是尘埃落定，维也纳皇家歌剧院脍炙人口、青史留名的黄金时代即将拉开大幕，而马勒，就是一手拉开这一帷幕的领头人。

第5章：维也纳的黄金时代

新官上任

奥匈帝国首都维也纳，这座阿尔卑斯山北麓的大城，波光粼粼的多瑙河穿城而过，郊外便是郁郁葱葱的维也纳森林。这里的空气中都跳跃着快乐的音符，格鲁克、海顿、莫扎特、贝多芬、舒伯特以及勃拉姆斯都在这里留下了不朽的篇章。马勒也从边远小镇来到维也纳音乐学院，开启了他一生的音乐之旅。如今以世界一流指挥家之名回到维也纳，马勒心中想必也是感慨万千。

然而表面宁静的大河下往往有暗流涌动，维也纳欢乐

维也纳城市公园，小约翰·施特劳斯镀金铜像

祥和的气氛并不能掩盖它的一大恶名——音乐家们总是生前受尽冷落，死后大众才纷纷将其奉为神明。19 世纪后半叶，这里民族情绪日益高涨，更将“非我族裔”的音乐家们推向了难堪的边缘位置。马勒身为音乐之都维也纳歌剧院的总监，他的一举一动都会招致全城艺术界的蜚短流长。尽管他已经改信天主教，但是在影响力日趋增长的反犹人士眼中，他正是群起而攻之的对象。

不论是文化事业还是商业活动，维也纳城中处处都有犹太人辛勤劳作的身影。他们为这座城市的繁荣贡献甚巨，可以说离开他们的话，维也纳就会像平庸狭隘的小城一样无趣。不过也许这正是反犹的保守人士希望见到的情形——小约翰·施特劳斯和弗朗兹·莱哈尔充满香槟情调的轻歌剧是他们悠闲高雅生活的最好伴侣，至于那些反映当代生活的赤裸裸的真相，他们不想知道，也无须知晓。这种做法无异于掩耳盗铃。不久的将来，音乐家阿诺德·勋伯格与他的学生阿尔班·贝尔格和安东·冯·韦伯恩组成划时代的“新维也纳乐派”三人团，把音乐艺术带入一个全新的天地。而作家霍夫曼斯塔尔、施尼茨勒，画家古斯塔夫·克里姆特、埃贡·席勒等人，也都竞相成为新时代的先驱者。

即将迈入20世纪的维也纳，正站在新旧观念激烈交锋的十字路口。新时代的氛围终于开始渗进社会文化的各个层面，时代在召唤一位振臂高呼的英雄。马勒心里很清楚，他这个位置可以以一己之力撼动旧时代的根基，他就是时势造就的那位英雄。

前面多次提及的汉斯·李希特在马勒到来之时担任皇家宫廷歌剧院的音乐总监一职，他是歌剧院的头号人物，风格深深植根于古典理念的音乐传统之上。瓦格纳特别赏识他，让他担任自己数部歌剧作品的首演指挥。最初他一心与马勒为敌并非平白无故，这位比他年轻20岁的小伙子无疑为剧院带来一股新鲜空气。在他看来，新指挥满脑子都是不合时宜的古怪念头，对他的地位颇具威胁。不过我们还是得为他说句公道话，后来他还是承认了马勒过人的才华，尽管与之音乐理念不合。而对马勒来说，最幸运的事莫过于获得内廷庶务大臣蒙台努沃亲王的鼎力支持。一旦他受命担任首席指挥兼艺术总监之后，除了唯一的这位顶头上司外，他不再需要听命于任何人。

马勒在维也纳歌剧院的日子一开始就风波不断，不过1897年5月11日初次登台指挥这天，一切倒是出乎意料的顺利。这是维也纳的乐评家和听众们第一次（也许也是唯一的一次）给予他毫无保留的热烈掌声。报刊上的赞美之辞滚滚涌来，让马勒和支持他的友人们疑惑顿消：

昨晚上演的瓦格纳的《罗恩格林》特别引人注目，因为这是新上任的指挥古斯塔夫·马勒的初展身手之作。马勒先生体格短小精悍，五官鲜明而显得聪颖。……指挥家貌如其人，他的诠释也充满活力而理解深刻。他的风格属于年轻一派，与老一辈静态沉稳的风姿相比，较为活泼灵动。他们用手和臂膀，用整个身体的扭动来展现意图。……马勒先生指挥《罗恩格林》时用这些夸张的外在动作，表现了充沛的精神信念。他对乐曲的理解极为深刻，可谓真正进入了前奏曲的梦幻一般的世界。而到了高潮部分，铜管部高声进入，他仿佛从沉睡中一下子醒过来，好像用无形的手把整个乐团牢牢攫住，指挥棒像长剑一般直戳长号。结果唯有“神奇”这两个字可以形容。在充满戏剧色彩的第一幕中，马勒把指挥艺术发挥得淋漓尽致，每个音符都刻下了他的烙印。管弦乐团、合唱团、歌手和指挥紧密互动，他的每一个细微的提示都发挥了作用。马勒的指挥赢得了观众热烈的掌声，在前奏曲刚奏完时他就必须一再谢幕，观众们响亮的喝彩声表达了对这位刚刚履职的指挥毫无保留的欢迎。马勒先生不仅仅是杰出的指挥，也是品味不凡的总监人才。还有什么比找到这样一位真正的艺术家，更能宽慰歌剧院以及与病魔抗争的总监杨恩先生的心的呢？如果我们让马勒先生放手施展，他一定会发挥艺术催化剂的作用。

马勒很快着手推行大刀阔斧的改革，一切因循守旧的做法都被他无情地革除。在整肃演出纪律上，无论是对乐手还是观众，马勒都毫不留情。从最普通的合唱团成员到鼎鼎大名的红牌歌手，一律得遵守排练规定，借故缺席者将受到严惩。管弦乐手过去常常推掉排练甚至是演出，自己跑去接受别的邀约赚外快，此时已成为陈年往事。观众如果迟到了，必须等到第一幕结束时才准许入场，幕启之后观众席的灯光才能调亮。而常见的为了迁就观众的耐性而缩减瓦格纳歌剧的做法，从此也不复见。过去为了造成演出大获成功的假象，剧院甚至有雇人喝彩的陋习，现在这批职业喝彩人也被马勒解雇了。通过这一系列的改革，观众人数比之前有所上升，一切都像娜塔莉·鲍尔·莱希纳说的那样，“以军队式的精确”运行起来。

马勒是歌剧整合演出论的先驱，他也用整个指挥生涯推行这个理论。它强调歌剧演出是一个有机整体，乐手、歌手都应为剧情、为作曲家的理念服务，不应有超出剧情

马勒在维也纳的指挥风姿剪影

的炫技性质的发挥，各方面应该默契配合，以求得扣人心弦的整体演出效果。在马勒看来，赫赫有名的歌手如果不加以引导，也不能与一流的乐团良好搭配。他希望能像在布达佩斯时那样，再次培养出一批素质良好又愿意长期合作的班底，借此建立起维也纳歌剧院独特的风格。

马勒想要推行这一改革，自然必须请走一批在他看来不堪重用的歌手。当然这些人大多有自知之明，主动要求离职，反正他们也看不惯这位新任上司的专横作风。老一辈的维也纳听众则大感痛心疾首，他们听惯了的一些老牌歌手惨遭排挤，取而代之的是一些名不见经传的晚辈。马勒一贯坚持他任人唯贤的作风，精心挑选出满意的独唱歌手阵容。他的要求是歌手必须有杰出的演技，声乐技巧出众但演技平庸的歌手不为他所重用。他看重的是歌手在台上的整体表现要与剧情贴合，而不必专意要给听众完美的音响效果。他的旧情人密登伯格在他不知情的情况下于1897年与歌剧院签约，这让马勒大吃一惊，并开始担忧自己的个人生活遭人诽谤。不过，像这样唱演俱佳的歌手实在难得，马勒最终也不计前嫌对她委以重任，甚至把她推荐给死敌柯西玛·瓦格纳，让她在拜罗伊特演唱。

马勒还另招了一大批年轻歌手，包括：艾利克·施密

艾利克·施密德斯

赛儿玛·库慈

里欧·史力沙克

德斯、里欧·史力沙克、利奥波德·狄慕特、里夏德·麦尔、弗里德里希·魏得曼以及赛儿玛·库慈等等。赛儿玛以“赛儿玛颤音”风靡一时，整个维也纳都为之倾倒，连马勒也常常听得心醉神迷。她曾经两度演唱马勒作曲的《旅行者之歌》，天衣无缝的最弱音圆滑唱以及歌声中表现出的“无与伦比的轻柔”把作曲家听得魂魄都飘散了。拥有过人姿色的赛儿玛随即与马勒生出一段恋情，不过很快就宣告终结。这次马勒吸取了教训，他不想再度因为自己的儿女情长毁掉来之不易的指挥职位。

维也纳歌剧院原有的班底中，并非所有人都对新指挥惹人争议的作风心怀不满。如男中音提奥多·莱希曼，他以演唱《尼伯龙根的指环》中的华坦和《纽伦堡名歌手》中的汉斯·萨克斯而著称。他最初私下称马勒为“犹太猴子”，因为马勒在排练过程中不时会在指挥台和舞台之间跳上跃下，指点歌手的走位或是演技。然而接触了一段时间之后，他坦诚地在日记里写道：“这个小个子男人所散发出的精神力量实在惊人，他可以激发出你前所未有的表现。”

而新加入马勒麾下的大将中，不少人都在马勒一丝不苟的调教下闯出了自己的一片天。比如男高音艾利克·施密德斯和里欧·史力沙克，至今都是乐迷们津津乐道的人物。施密德斯嗜酒如命，没有排演的日子都泡在酒馆里头。但如果某天该他上台时他还赖着不走，就常有怒气冲冲的马勒像一阵旋风似的冲过来，连拽带拉把他拖到剧院，任凭他对要唱的角色多么滚瓜烂熟也抗议无效。而施密德斯对马勒的评价也毫无保留："他是歌手可以百分之百信任的一位舞台监督和指挥。他指挥的时候我不会看他一眼，但是我能感觉到他在指挥，乐队奏出的旋律让我有一种绝对不会捅什么娄子的安全感。马勒的标准非常严苛，所以他偶然冒出表扬人的只言片语，对我们实在是莫大的鼓舞。"

而里欧·史力沙克则是宴会场合的灵魂人物，他体格魁梧，一副顶尖的英雄男高音的好嗓子，从莫扎特开始，轻轻松松一路唱到瓦格纳。至今还有他流传下来的许多逸闻。据说有一次他演出《罗恩格林》，罗恩格林最后要坐上天鹅船离开舞台。没想到工作人员还没等他踏上船就把船拉走了，他只好一脸无奈地嘟囔："下一班天鹅船什么时候开？"

这些年轻人在马勒的培养下逐渐成长为可以独当一面的当红歌手，在离开维也纳后他们还与很多指挥和乐团合作过。不过想必他们一定不会忘记，年轻时曾经受过的严格教导，和那个戴着眼镜、精力旺盛的小个子男人。

分离派的舞台设计师

就在马勒出任维也纳皇家宫廷歌剧院指挥一职那年，维也纳城中悄悄诞生了一个新的艺术家组织——维也纳分离派，它是欧洲设计摆脱传统，走向现代的重要转折点。

这批艺术家、建筑家和设计师宣称要与传统的美学观念决裂，与正统的学院派艺术分道扬镳，所以自称“分离派”。该团体成立次年启用的“分离”展览会馆坐落于维也纳城中，由约瑟夫·奥布里希设计，一直使用至今。在它入口处的大门上用德文刻着一个短语，也可以看作是他们的宣言：“每个时代拥有自己的艺术，艺术拥有自己的自由。”维也纳的市民亲切地称呼这座会馆为“金色卷心菜”，因为在建筑顶部由金属叶片构成了中空的穹顶。大

“分离” 展览会馆

维也纳分离派成员摄于1902年第十四次画展举行前
（后排左二坐者为克里姆特，克里姆特前方坐者为科洛·莫瑟，
前排右一斜卧者为卡尔·莫尔）

门顶部装饰着三个面具，分别代表绘画、建筑和雕塑。

分离派不满保守人士的墨守成规，他们希望以求新、求变的精神为艺术界注入新的动力。这个团体的成员有建筑师奥托·瓦格纳（“分离派运动之父”，马勒在1898年搬进了歌剧院附近他设计的一座大厦中金碧辉煌的套间）、阿道夫·洛斯，雕塑家马克斯·克林格，画家古斯塔夫·克里姆特（分离派期刊《神圣之春》的总裁）、艾冈·希勒、奥斯卡·柯科希卡、卡尔·莫尔（马勒未来的妻子阿尔玛·辛德勒的继父）、科洛·莫瑟、艾米尔·欧立克（曾经为马勒画像）等。不用说，马勒本能地受到了他们激进理念的吸引，他们代表了维也纳乃至整个欧洲的视觉艺术复兴潮流。马勒慧眼识英雄，他很快意识到歌剧艺术能够在这股不可阻挡的复兴大潮中扮演重要角色。

分离派众多艺术家大胆创新的风格没多久就进入人们生活的各个领域。不仅仅是美术创作，服饰、建筑、家具等工艺美术设计理念也都有了全新的面貌。到了1902年，当分离派在维也纳举行它那划时代的第一次艺术展时，这股崭新的艺术思潮早已是汹涌澎湃，不可阻挡。

在一次宴会上，马勒结识了分离派里的一名叫阿尔弗雷德·罗勒的奥地利画家。他们很快开始谈起歌剧方面的话题，罗勒吐着烟圈，愤愤地向眼前的音乐总监马勒倾诉：“瓦格纳的《特里斯坦与伊索尔德》何等伟大！可是看看皇家歌剧院，那是什么下三滥的舞台制作？简直配不上这出剧！您能不能想法子弄点儿新东西给我们看看？”罗勒紧接着又向他系统地陈述了自己对这出剧的舞台设计的意见，剧中饱含高度凝聚的情感张力和丰富的心理层次，唯有非具象的表现主义式的视觉效果才能与音乐完美契合。

这番话立刻引起了马勒的共鸣，实际上他当时正有创新舞台制作的想法，只是还没找到合适的人来担此重任。其实，皇家歌剧院的硬件设施处于欧洲领先地位，只是由于前人一味沿袭传统，新设备一直都没派上用场。马勒上台之后无法坐视这种情况，他一开始就打开天窗说亮话：“现有的道具和服装全部给我滚蛋！”

在结识罗勒之前，马勒已将剧院硬件结构作了一些必要的调整。例如，将管弦乐池放低，以解决读谱灯光影响表演的问题。为了方便排练时的协调，新装上了与后台联络的电话。演出时新增设了亮灯指示系统，让指挥知道何时可以启幕，以避免幕间换景的道具工作人员来不及退场的混乱情况发生。这些都是今天看来习以为常的措施，可在当时的维也纳甚至整个欧洲，都是些新鲜玩意儿。

向来当机立断的马勒立刻邀请罗勒次日到歌剧院详谈，罗勒向他详细描述了排演此剧的全新计划。深入交换意见后，马勒欣然发现两人许多设想不谋而合，而罗勒展现出的高昂热情与创造力，也证明他正是马勒需要的舞台设计的最佳人选。罗勒当即获得了他生平第一个舞台设计的工作——为《特里斯坦与伊索尔德》设计视觉效果。这样一个超重量级的挑战是马勒的一着险棋，但他从来不惧怕任用新人。后来的事实告诉我们，马勒这着棋盘活了整个局面，两人的合作开启了音乐史上成就斐然的歌剧视觉呈现方式的革新，这也是马勒作为指挥对后世影响最为深远的成果。

1903 年 2 月 21 日，维也纳皇家宫廷歌剧院为了纪念瓦格纳逝世 20 周年，首次上演了完整版《特里斯坦与伊索尔德》。这场演出有如在音乐界投下一枚炸弹，保守人士承受不起震撼的舞台效果带来的巨大心灵冲击，但是一些思想比较开放的人则像是受到一场彻底的心灵洗礼。保守乐评家对此剧毫不客气地嘲讽："因为门票销售一空而不得一窥究竟的观众们，我们可以透露一下细节供你们想象：第一幕是橘黄色的，第二幕是淡紫色的，第三幕则是灰白色的。'分离'的同盟看到特里斯坦和伊索尔德在光怪陆

奥地利画家罗勒（1864—1935）

指挥台上的马勒漫画形象

离的印象主义式布景中徘徊流离，一定是心花怒放了。只是有件事情我们得开宗明义地讲明：虽然有那么多明显下了一番功夫的艺术设计，比如施密德斯先生的新鼻梁，但是瓦格纳的精神可以说是荡然无存……”

罗勒在这部剧中利用光线和布景的有机互动，希望表现出一种质朴有力的光影效果，激发观众自己的想象。而他的座右铭“创造空间感而非平面图形”也在剧中得到彰显。至于音乐部分，勋伯格的学生兼好友艾尔温·史坦因这样描述它：“狂烈到接近巧夺天工的程度，无止境地憧憬和渴慕、白热化的激情以及痛彻心扉的苦难，到高潮处简直是天崩地坼。”特里斯坦由艾利克·施密德斯主演，而伊索尔德则由安娜·冯·密登伯格主演——几乎所有人都认为这是值得她回味一生的荣耀之夜。

罗勒如今荣任常驻维也纳的舞台设计，他与马勒密切合作，在数年内陆续推出不少广受争议但也脍炙人口的剧目：除却浮夸，转而探讨剧中哲学内涵的《尼伯龙根的指环》四部剧连演；1904 年贝多芬的《费黛里奥》传奇演出，剧中饰演莱奥诺拉的密登伯格被时人交口称颂；格鲁克的《伊菲姬尼在奥利德》，是马勒自己最满意的一出剧；格局宏伟、神妙无比的韦伯的《自由射手》；1905 年上演的莫扎特的《唐·乔凡尼》流传乐史。罗勒革命性的道具创新首度面世，这是一种可以转动的铁塔状结构的装置，一般是左右两个置于舞台之上，视场景需要做出各种机动变换，从此幕间换景变得快捷方便，舞台设计迈入一个新的纪元。

马勒和罗勒的合作为歌剧演出呈现方式带来了新的活力，而评估他们这段时期的辉煌成就的文字中，最好的一段来自朱利乌斯·康戈尔德。他是马勒最热烈的拥护者之一，也是继爱德华·汉斯利克之后维也纳的首席乐评健笔。1905 年 2 月 25 日出版的《新自由报》上，有他评价瓦格纳《尼伯龙根的指环》四部剧的第一部《莱茵的黄金》的文字："这一新制作中最美丽的故事，是由灯光来诉说的。灯光让众神沐浴在辉煌与静谧之中，也让他们笼罩在昏昏沉沉的夜雾之中。舞台上的动作好像凝结成了一系列静止的景象，然而又以灯光的神奇幻化，赋予极为真实的内在变化……舞台与音乐间的细腻结合与呼应，在马勒手中宣告确立。他让管弦乐团也有了光。《莱茵的黄金》中比情感表达更为重要的音乐要素，在此完全与舞台上逼真的景致合而为一。"

马勒在领衔皇家宫廷歌剧院的十年当中，指挥了 1000

多场演出，其中约四分之一是瓦格纳的作品，其他常被演出的作品有莫扎特、贝多芬、普契尼、斯美塔那、马斯奈、柴可夫斯基、理查·施特劳斯、格鲁克、费茨纳、韦伯的等等。当然他都没有忘记轻歌剧这一体式的作品，如约翰·施特劳斯的《蝙蝠》就在他的任上上演了多达 89 次。每年新年前夕，他都会指挥一场新年音乐会，收入作为乐手们的年金基金。这种时候，剧院里最知名的一些歌手都放下大牌的架子，与合唱团同声欢唱，众人高举的酒杯中满溢香槟。

马勒在维也纳事务繁忙，这意味着他原本就不多的作曲时间被一再剥夺，因而 1897 年和 1898 年这两年也成了他创作上歉收的年份。他曾向贾丝汀娜和娜塔莉·鲍尔·莱希纳倾诉不能表达乐思的痛苦："我的副业反倒成了我的主要工作。我再也抽不出时间和机会来从事上帝赋予我的崇高使命。我走到哪儿都有人前呼后拥，这真叫我受不了，人们是如何费尽心思称颂我、讨好我！我实在想跟他们说，我不觉得做到这些有什么了不起的，我只是想做好本职工作而已！"

从 19 世纪 90 年代起，一直到第一次世界大战爆发，维也纳出现了前所未有的思想文化大发展，许多领域都涌现出了伟大人物，这在欧洲近代史上并不多见。这种空前繁荣的人文氛围的兴起，歌剧院指挥马勒功不可没，他对音乐理想的不懈追求将歌剧院的声望提到了有史以来最高的程度，也让广大爱乐大众的艺术欣赏品味和鉴赏能力达到了欧洲甚至世界顶尖水准。今天当我们赞叹“维也纳”这三个字代表的最高音乐理想时，可别忘记一代代“马勒们”做出的努力啊！

接管维也纳爱乐管弦乐团

马勒抵达维也纳一年之后，音乐之都的另一个重要音乐组织——远近闻名的维也纳爱乐管弦乐团，也归他接管了。

在这之前，管弦乐团的音乐总监也是汉斯·李希特，他以健康理由——“手臂疼痛”请辞，转而去英国伦敦接管哈勒的交响管弦乐团，直至1911年因视力问题退休。明

汉斯·李希特

眼人一眼就能看出，这里一山容不得二虎，只是他的离去对马勒来说并不意味着愉快的未来。

维也纳爱乐管弦乐团创立于1842年，它的运作方式颇为奇特。一方面它是皇家歌剧院的常驻乐团，必须接受剧院音乐总监的管辖，但是另一方面它在剧院之外的活动完全自治，每个乐手都是股东，以民主的方式对乐团的日常运作、各项事务进行投票，包括从内部选出一个自治委员会，连音乐总监也是由乐团投票决定人选。也就是说，维也纳爱乐乐团并不是非得聘请马勒为他们的音乐总监不可，特别是在马勒和李希特拥有两种截然相反的指挥风格的情形之下，接受马勒领导这个决定让人有些费解。

李希特遵循的是一丝不苟的正统指挥风格，而马勒则将肢体语言运用到了极致。乐评家马克思·卡尔贝克显然对前任指挥恋恋不舍，他写道："过去是岿然不动，像高山一般矗立在乐团前面的一位壮硕高大的金髯绅士，如今换了一位瘦削躁动的人物，手脚非常灵活地在指挥台上手舞足蹈。"而写作《音乐之都的传奇》的马克斯·格拉夫则用形象的语言描绘了马勒在指挥台上的风姿："当剧院的灯光黯淡下来时，棱角分明而面色苍白、仿佛超然物外的这个瘦小身躯，三步并作两步直冲上指挥台。他在维也纳早期的指挥风姿实在是令人瞩目。他手中的指挥棒会突然向前急射，犹如毒蛇猛地吐信；他的右手仿佛将无形的音乐从乐器中拉出来。他鹰隼般锐利的目光所到之处，就连坐在角落的乐手也会胆战心惊。他会眼睛看着这一头，同时指挥棒向另一头下达指示。有时他像是挨了一口虫咬般从指挥座椅上跳起来……马勒无时无刻不在散发光芒，就像一簇熊熊燃烧的烈焰。”

马勒指挥维也纳爱乐乐团的首场演出是在 1898 年 11 月 6 日。演出曲目包括贝多芬的《C 大调科里奥兰》序曲，莫扎特的《g 小调第四十号交响曲》以及贝多芬的《降 E 大调第三交响曲——“英雄”》。马勒安排这套曲目用意深远，李希特正是用贝多芬的《第三交响曲》作为他告别维也纳的压轴曲目。马勒用这支曲子作为见面礼，一方面有薪火相传的意思，另一方面也宣告了他开启了一个新的“英雄”时代。

“新指挥甫一现身，全场便一片鸦雀无声，就连气势宏伟、千钧之力的《科里奥兰》序曲过后，也只有稀稀拉拉的掌声。马勒对莫扎特的《第四十号交响曲》的第一乐章的诠释终于让气氛热烈起来，接着是动人流畅的行板，其细致入微的乐律起伏，让最心存疑虑的人士也为之倾倒，听众席上第一次响起了由衷而发的掌声。……音乐会大获成功的一个高潮，是《英雄》的第一乐章——马勒精彩万分的演绎以及乐团出神入化的演奏，效果是爆炸性的，听众的掌声和喝彩声轰然雷动。”

这是乐评家提奥多·海尔姆对马勒指挥维也纳爱乐管弦乐团首演的描述，由此可见维也纳的爱乐大众再一次将成见抛在脑后，敞开心胸接受新指挥带来的戏剧性诠释风格。乐评家们虽然一时无法完全接受新风格，不过就连保守派代表人物爱德华·汉斯利克，对这场演出也给予了“好的开始是成功的一半”的评价。

令人扼腕的是，在这之后的日子里，马勒和维也纳爱乐乐团从未建立过真正的水乳交融的密切合作关系。马勒所下达的任何指令，都被乐手发自内心地加以排斥。而他出名的为了追求音乐效果而打磨乐团的做法，更是增加了乐手们对他的敌意。一次排练时，他一直不太满意乐团演奏的贝多芬的《c小调第五交响曲——“命运”》开头的几个小节，反复操练不知多少次之后，几个乐手再也无法忍受，愤然起身要离开排练场地。只见马勒怒气冲冲地对他们吼道：“诸位！且把你们的怒气留到演出现场，这样我们至少就可以把这个开头恰如其分地演奏出来！”

这一时期马勒招致最多攻讦谩骂的是他着手改动经典作品。例如他对贝多芬的几部交响乐作品管弦配器的改动，就引来崇尚古典的乐评界的一片哗然，就连普通听众也认为此法不妥，到处都是指责马勒“野蛮”“渎圣”“离经叛道”的声音。马勒在群情激愤之时被无端扣上一顶又一顶大帽子，绝少有人理智地思考马勒为何要冒天下之大不韪执意如此。

实际上，在“交响乐之父”海顿之后，交响管弦乐团的规模扩充了三倍有余，乐曲长度和表现手法也出现诸多变化。精通配器的马勒耳朵极为灵敏，在他听来，交响曲的各个声部必须达到音响效果的清晰和平衡。假如贝多芬在世时已经有精巧的活栓小号问世，他一定会毫不犹豫地把它用在乐曲中，所以马勒用它来为《d 小调第九交响曲——“合唱”》的合唱乐段作丰润。同样的道理，若当时的弦乐阵容跟我们后来常见的那样大为扩充的话，贝多芬无疑会相对强化木管部的声响，而这就是马勒指挥贝多芬第五、第七以及第九交响曲时所做的改动。

由此可见马勒的做法才是对作曲家和其意图的真正尊重，除了配器外，他从未试图更改一首乐曲的旋律或是和声。作为作曲家的马勒也曾声明，如果他去世之后管弦乐

捷克发行的马勒邮票

当今的维也纳爱乐乐团

团的继续发展造成了乐曲声部不够平衡，或者是为了顺应某个演出场地的特殊音响空间，他举手欢迎指挥家在配器上做出必要的改动。

1900 年 2 月 18 日，一年一度的尼克莱音乐会上演了贝多芬的《第九交响曲》作为压轴曲目。这场演出是马勒有生以来获得的最大成功，听众叫好之声震耳欲聋，以至于乐团不得不临时加演一场以飨爱乐听众。他不仅选用了瓦格纳的改定版乐谱，还加上了他自己的一些修饰润色，另外更别提他时时为人诟病的弹性速度的频繁运用——这些因素加在一起，让保守乐评界为之哗然。其中有人毫不留情地指出："马勒应该直截了当地信任贝多芬，而非用自己的方式去理解贝多芬。"

第二场演出定于四天后的 2 月 22 日举行，马勒深感有必要对前一场演出招致的猛烈炮火出手还击。他不仅受到报刊乐评的公开攻讦，甚至还收到匿名人士的谩骂信件，对此他坚持信念，毫不退缩。在演出之前他派人在音乐厅入口处派发内容如下的小册子：

近年来若干报纸杂志上的言论意见，混淆广大听众视听，让大家误以为贝多芬的作品，尤其是《第九交响曲》，在某些细节上遭到了任意的变动修改。因此这里我们稍作一番解释以澄清事实，实属必要之举。

在贝多芬耳朵完全失去听力之前，他业已失去了与充满声响的世界的密切联系，这种联系对于一个作曲家来说不可或缺。而贝多芬的创造力却与日俱增，使得他在失聪之时还要去努力开发新的表现方式，以及前所未闻的强健有力的管弦乐技法。而我们也都知道，在那个年代铜管乐器的构造不如今天发达，有时无法奏出旋律需要的序列音出来。铜管乐器后来的演进，正是为了弥补这一缺点。如今如果不能充分利用，以求得作品至善至美的演奏效果，是背离作曲家意愿的做法。

里夏德·瓦格纳一生都致力于推广宣扬贝多芬的作品，以免遭受人们的糟蹋与草率对待。他在《论贝多芬第九交响曲的演奏》一文中，就指出了应以何种方式演奏为宜。晚近指挥界都十分尊重瓦格纳的宝贵意见，今天这场音乐会的指挥者也不例外。

贝多芬的作品当然不容后人加以重写、更改或是“修订”。约定俗成的弦乐部的扩充，使得木管乐器数量必须相应增加。这些木管纯粹是为了强化响度，绝对不是对贝多芬的作品有什么新的发挥。不论是就这一点，或是其他关于此曲诠释的整体或细节的任何方面，只要参照一下原谱，就可以知道指挥者不但未曾将一己之见强加于作品之上，而且更极力要完全恪守贝多芬的指示，就连看似最无关紧要的细节也不放过。目的就是要让大师的本意不致在演出时有丝毫牺牲，或者是在一片纠缠不清的声响中湮没。

尽管经历了这些大大小小的风波，马勒的演出依旧吸引了大批爱乐听众。即便是一再加演或是特别推出周日午场演出，都似乎不能满足听众的殷切需求。在音乐氛围浓厚的维也纳，这样热爱古典音乐的忠实听众实在难以计数。他们数十年如一日支持自己喜爱的乐团，为乐团哪怕是微不足道的进步而发自内心地喝彩，也为乐团出现的问题和陷入的难局而扼腕叹息。但在任何风波袭来之时，他们都对乐团不离不弃，陪伴乐团历经风风雨雨。想必在拨云见日的那一刻，他们一定会由衷地大声欢呼，脸上洋溢明媚的笑容。

管弦乐队的配器

管弦乐队中包括了很多种类不同的乐器，它们都有各自不同的音色。这样在创作交响曲作品时，作曲家需要对它们的音色和音量进行合理的调配。另外在排练和演出时，指挥也需要对各种乐器的席位排列和音响效果进行微调。一般来说，管弦乐队由四种类型的乐器构成，在演奏交响曲时经常使用的乐器如下，弦乐组：小提琴、中提琴、大提琴、低音提琴、竖琴；木管组：短笛、长笛、单簧管、双簧管、巴松管；铜管组：小号、圆号、长号、大号；打击组：定音鼓、大鼓、小鼓、三角铁、钹、锣、木琴。管弦乐队在演奏时，并非所有团员都要参加，一般根据作品的需要，参演者数目亦有变化。现在乐队演奏浪漫主义及近现代交响乐作品时常采用美式席位排列法，如下图所示。

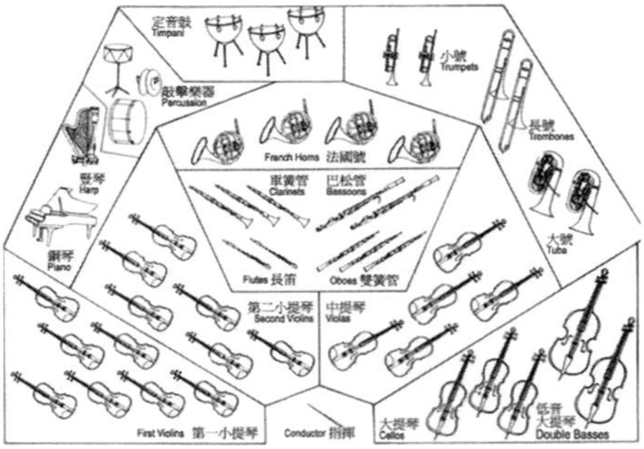

美式席位排列法

“作曲小屋”二号

1899 年夏天，马勒又迎来了久违的假期，他终于可以抽出时间来继续他的交响曲创作了。

马勒先是前往旧奥斯湖湖畔的一个温泉度假胜地，只是去了之后才发现那儿过于喧嚣，实在不是什么理想的休憩之地。因为温泉浴吸引了大批游客，而其中不少人都认得他。同时当地又有一个为游客演奏的小乐队，让最需要平静的他不胜烦扰。此外天公也相当不作美，阴冷的天气持续多天，而马勒租赁的度假小屋又没有有效的取暖措施，使得想要在此休养生息的他反而遭了不少罪。种种因素造成《第四交响曲》的创作停滞不前，他必须尽快另谋出路。

此时密登伯格向马勒推荐了她成长的小省份麦尔尼格，她认为这里清幽的环境正符合马勒的需要。但是最初马勒

“作曲小屋” 二号

马勒《第四交响曲》第二乐章片段，对比独奏小提琴和齐奏小提琴

一行人并没有找到一个合适的地点，一直到他们快要放弃时，才在沃特湖畔的一角找到了一个隐蔽的理想处所。它所处的位置堪称完美，在几乎完全没有人类侵扰痕迹的密林中有一块空地，只有穿过高大茂盛的松树林中一条陡峭的小径才可到达这个地方。马勒当即毫不犹豫地从奥尔西尼和罗森伯格亲王那里买下了250平方米的湖边地皮，当然这块山林中的幽僻之地也被他租下。在湖边地皮上他打算建造一幢别墅，而山上则计划建一座和施坦因巴赫相似的“作曲小屋”。

密登伯格又介绍了一位年轻的建筑师阿尔弗雷德·托伊尔，由他担当别墅和小屋的设计施工。他质朴大方的设计风格让马勒颇为满意，别墅有风格各异的露台，还有花园与喷泉。一条充满野趣的小径通向未知的密林深处，将小屋和别墅连成一个整体。次年，也就是1900年，马勒抵达新居时第一次登上露台放眼望去，不由得赞叹道：“太美了！人，实在不应该如此享受！”而从作曲小屋的窗户向外望去，如同身处孤岛，参天茂密的松林阻挡了阳光，遮蔽了湖水，掩盖了小径——马勒称其为“避难所”。

如今麦尔尼格的湖边别墅为私人所有，不再对公众开放，但林中的“作曲小屋”却于1981年被奥地利克恩顿州首府克拉根福市的马勒协会开辟为马勒纪念馆。在妥善地修缮之后于1986年7月7日正式开放。今天到“作曲小屋”瞻仰的人们，可以用耳机听到马勒所有音乐作品的录音，珍贵的展品包括马勒从这里寄出的信件、明信片，当然必不可少的是乐谱手稿，马勒的第四到第八交响曲、《吕克特之歌》和《亡儿之歌》就是在这里创作或完成的。

《第四交响曲》可以说是马勒除了《第一交响曲》之外最“悦耳”也最为温和的一部作品。他的《第三交响曲》原本有七个乐章，后来他把第七乐章移到《第四交响曲》作为第四乐章。这部交响曲于1901年首演，当时的评价毁誉参半，并未引起普遍的共鸣。

“天堂的生活”标题虽然出现在第四乐章，但第一乐章中已经酝酿起了情绪。起始的几个音处，马勒写下Grazioso（典雅、俏丽）、Un Poco Rit（稍慢）、p（轻）、<（渐强）、pp（更弱）、Espressivo（充满表情）六个字符，来形容这段音乐应有的表情。第二乐章为3/4拍，但音程诡异，听起来很像是魔鬼圆舞曲——小提琴时常用来象征魔鬼。值得注意的是独奏的小提琴的四根弦要提高一个音，音色比原来的稍显紧张，音乐的张力十足。这种不依照原来的定弦，经过调整的做法，称为“变格定弦”，在巴洛

克时代以及现代音乐中时有出现。为避免演奏者不适应变格定弦后不同音高的新指法，作曲家一般都会在乐谱上以标示音来代替实音，因此乐手只需沿用惯性的指法，便能获得新的音高。本乐章中的独奏小提琴乐谱和其他齐奏小提琴的不一样，但大家所奏出的音高却是一样的。

第三乐章音乐优美，为典型的马勒式慢板音乐，而第四乐章则是女高音独唱曲，歌词源自《男童魔号》，全曲分为四个段落，分别像是自由的变奏。每个段落都有乐队前导，唱段的第一拍通常为空拍，成为本乐章的特色。

到此为止，马勒第一阶段的交响曲创作终于落幕，从《第五交响曲》开始，新的风格和内容即将呈现。1910 年，布鲁诺在给马勒的信中论述了这一观点："在你的歌曲创作中，第一时期主要包括了《男童魔号》这部歌曲集，而第二时期包括了根据吕克特的诗作创作的歌曲。在交响曲的创作中（像上述艺术歌曲一样，这些交响曲也分别创作于这两个时期），第一时期包括了第一到第四，而第二时期包括了第五到第八。在前四部交响曲中，音乐赞美着永恒、不朽的事物，它一部分是用歌词来表现，一部分是由音乐来呈现。而第五、六、七交响曲的创作，并没有受到歌词的影响，它仅仅是纯音乐的创作。而在《第八交响曲》中，歌词表达了‘最终的神秘存在’。”

阿尔玛的马勒

1901 年可谓是马勒人生中最春风得意的一年了，尽管在 4 月由于身体原因他请辞了维也纳爱乐管弦乐团的指挥一职。9 月他的追随者兼忘年交布鲁诺·瓦尔特当上了他的助理指挥。到了 11 月 25 日，万众瞩目的《第四交响曲》在慕尼黑举行首演。马勒此时在维也纳的人气和声望达到巅峰。据瓦尔特回忆，出租车司机看到他时甚至会高声喊“马勒万岁”！

在曲目的分配上，马勒无疑对瓦尔特极为慷慨，这一方面无疑是因为他不想重蹈自己遭人冷眼相待的覆辙，另一方面也是出于对其才华的信任。然而瓦尔特毕竟年轻，资历尚浅，在别有用心的人看来，他只不过是马勒的亲信而已，没什么真本事。加上他又是个犹太人，厌憎马勒的反犹人士也经常攻击他，来达到打击马勒的目的。但是后来事实的发展有力地反驳了种种谬论，瓦尔特在马勒的提携教导下稳步前进，终成一代指挥大师。后来，他执掌了莱比锡布商大厦管弦乐团、纽约大都会歌剧院乐团等世界一流乐团，同时也是著名的萨尔茨堡国际音乐节的创始人之一。当然深受马勒信赖和影响的瓦尔特也是恩师作品的最佳代言人，马勒过世后留下的《第九交响曲》以及《大地之歌》都是由瓦尔特指挥首演的。

对马勒来说，1901 年最重要的一件事，莫过于与他未来的妻子相遇。之前一年，马勒在巴黎结交了一名叫贝尔塔・楚克康德尔的女士，她的丈夫艾米尔・楚克康德尔是维也纳著名的解剖学家，而她的姐姐就是未来法国总理乔治・克雷孟梭的嫂子索菲亚・克雷孟梭。这对姐妹既是马勒音乐的仰慕者，又对绘画有很高的鉴赏水平。1901 年 11 月 7 日，贝尔塔女士邀请马勒参加家庭晚宴，在场的名流有古斯塔夫・克里姆特和市立剧院总监马克斯・布尔克哈特等，当然还少不了这场宴会上最漂亮的女人——维也纳分离派的创始人之一卡尔・莫尔的继女，名叫阿尔玛・玛丽亚・辛德勒。她父亲是九年前离世的风景油画和水彩画画家艾米尔・辛德勒，母亲在守寡五年之后改嫁卡尔・莫尔。

1901 年的阿尔玛・玛丽亚・辛德勒

关于这两个人的相识相知和萌生爱意，我们不妨引用阿尔玛在《忆马勒》这本书中的回忆，当事人的视角总归比旁人更为可信。

马勒问我是否听过库伯利克（小提琴家）的演奏，我回答道："我对独奏音乐会不感兴趣。"马勒对我的答复十分满意："我也不感兴趣。"他在餐桌的另一端大声说道。

从餐桌起身后，大家自然而然地围成几个小圈子，我们谈起了美的相对性问题。"美！"马勒认为苏格拉底的脑袋很美。我非常认同他的观点并认为音乐家亚历山大·冯·柴姆林斯基是美的。马勒耸耸肩，认为这太荒谬了。他的做法燃起了我的战斗激情，我把交谈引到关于柴姆林斯基的话题。

"我们正要提到他……您为何不演出他给霍夫曼斯塔尔写的芭蕾舞剧《金色的心》？您不是答应他了么？"

马勒立刻回应："因为我不理解它。"

我倒很是理解这部剧，于是说："让我来为您讲述这本书的内容，解释它的涵义。"马勒微微一笑："这我倒有兴趣。"

因此我说："但在这之前，您得跟我讲清楚《高丽新娘》的涵义究竟何在。"（芭蕾舞剧《高丽新娘》是在维也纳经常上演的一个保留剧目。混乱不堪，愚蠢之极，不值一演。）马勒放声大笑，露出许多闪光的牙齿。我的较真引起了他的兴趣，他知道，柴姆林斯基教我作曲，我是他的学生。他请我把我的作品带到歌剧院给他看。

我们早就与其他人分开，或者说其他人早已远离我们而去。我们周围是真空状态的空间，这是人们在相识之时为自己创造出的一个空间。我当时答应他："我要是有什么好作品，一定会去的。"他揶揄地微微一笑，好像要张嘴说"我能一直等你"似的。他请我和另外几个人第二天早上去歌剧院看《霍夫曼的故事》的彩排。我有片刻的犹疑——为柴姆林斯基谱写的作品还未完成——随即我对那部作品的兴趣占了上风，于是我答应了。在分别之前，他还抓住机会与我迅速地说上几句。

"您住在哪儿？"

"霍恩瓦尔特高地……"

"我要陪您回去。"

（我可不想走回去，夜已经深了，我累了。）

"那么您要来歌剧院咯？一定？"

"是的是的，我一写出好作品就去。"

"君子一言，驷马难追？"

我点点头。

第二天，我去接克雷孟梭姐妹，马勒早已站在歌剧院门口，不耐烦地等着我们。他帮我脱掉大衣并对另外两个女人很不礼貌地视而不见。他把我的大衣搭在胳膊上，一脸窘迫地请我们进入他的办公室。两位夫人似乎没有察觉到我们心灵上和这个空间里的那种隐秘的震颤，开始与他交谈。我则走到钢琴前，翻阅他的乐谱。我可不想说废话。马勒偷偷朝我这边看，他喊道："辛德勒小姐，您睡得如何?""好极了，为什么不呢?"他说："整夜我一分钟都没睡!"……

我没想到他那么喜欢我。我很是钦佩他，不过对我来说在柴姆林斯基那儿的学习更为重要。在随后的一天我收到了这首美妙的诗歌：

彻夜无眠。
我可没有想象过，
对位法和曲式学
又一次让我心烦。

这样一个夜晚被完全主宰。
所有的声部都只是

更多地把主调引向一点。

彻夜无眠
——我整夜辗转反侧——
如果有人敲门，在这瞬间，
我就向门那儿抛去双眼。

我听到：说话算数，君子
它不断响彻我耳旁——
那种形式的一个卡农曲：
我向门那儿张望，并在期盼。

多年后阿尔玛回忆马勒是如何注意到她的存在时，说出了他身上极为残酷的真实："他已经大权在握如此之久，遇到的一向只有谦逊地顺从，以至于他和外人的距离已经成为一种孤独。"也许是美貌而智慧的阿尔玛恰如其分地理解并填补了他的孤独，两人的进展可谓神速，多年孑然一身的马勒终于开始认真地谈起了恋爱。来往于他们住处的邮差为他们传送一沓沓演出请帖、匿名诗歌，登门造访亦是逐日频繁起来。

次年 3 月 9 日，他们结婚了。马勒是徒步去结婚的，当时正下着大雨，他脚蹬一双雨靴。阿尔玛和她的母亲莫尔夫人，以及马勒的妹妹贾丝汀娜则乘车前往卡尔教堂。在场的证人有莫尔和罗瑟——他在次日与贾丝汀娜成婚，加起来一共只有这六个人。因为他们事先向大众透露了假的婚礼时间，说是在当天晚上，所以没有什么外人来打搅这场仪式。马勒要跪下时因为没看到脚下的垫子，滑倒在了石砖地面上。他个子比阿尔玛矮，得自己爬起来，再重新跪下去。大家都微笑着看着他，牧师也情不自禁地咧开嘴。婚礼结束后六个人吃了顿饭便散了，新婚的马勒夫妇踏上了前往俄罗斯的蜜月之旅。

著名指挥之妻

马勒夫妇这对才子佳人新婚初期可谓伉俪情深，在圣彼得堡的三场音乐会上，阿尔玛第一次坐在乐团的后面，看着她的新婚丈夫指挥的模样：“他指挥时总是全身心投入，情绪高昂，而他张着嘴陶醉于美妙旋律中的表情，真是让人有难以言说的感动。”

6 月 9 日，马勒指挥自己的《第三交响曲》在德国一年一度的“全德意志音乐节”上举行首演。这是他以作曲家身份赢得的首次胜利，从此维也纳之外的人们也开始欣赏马勒作曲的音乐。演出时阿尔玛也陪伴在侧，她在聆听首演后下定决心要把自己的生命奉献给丈夫的音乐事业：

我坐在素不相识的听众中间，因为我想要独自一人，不愿意跟前来捧场的亲友坐在一起。我所感受到的亢奋实在是难以用言语表达，一会儿哭一会儿笑，突然间又感到孩子在腹中动弹。这一晚演出的交响曲让我对马勒的伟大之处有了全新的认识，我高兴得热泪盈眶，向他发誓说我由衷地欣赏他的才华，我只求能把自己的爱意奉献给他，我衷心地只求能够永远为他而活。

如果说先前阿尔玛还没有做马勒——这个艺术狂人的妻子的觉悟，那么经过这个夏天之后，她恐怕就明白了要如何全身心地奉献自己。马勒从来不掩饰他身上的男性沙文主义，他需要一个可以为他无怨无悔地付出的妻子，这个坚强的女人必须为他生儿育女、料理家务、誊抄乐谱——至

马勒像

马勒妻子和两个女儿的合影

于有无个性和才华，看起来倒并没有那么重要。还在单身时，马勒曾为自己订下做她妻子的标准，这在今天看来似乎很是苛刻——

我最受不了的就是女人邋邋遢遢仪容不整的模样。我作曲时需要独身一人，不得有任何打扰，身为一个艺术创作者，对这一点要求身边的人无条件的配合。我的妻子必须同意我与她分房而居，彼此的寝室可能隔上若干房间，我自己有单独的出入的房门。她必须同意只能在约定好的几个时间段里跟我待在一起，在这些时间段里我希望她能够打扮停当、衣着光鲜。最后一点，如果我有时候不想见她，她不应生气，或是以为我疏远、冷淡她。一言蔽之，她必须具备最可人、最体贴的女人都没有的特质。

阿尔玛这么年轻貌美、才华出众的女人，能够成为丈夫心中的完美妻子吗？马勒深知阿尔玛在艺术家和妻子这两个身份中徘徊的苦恼，他曾经给她写信，直截了当地提出这个敏感的问题：

从现在起，你是否可以把我的音乐视如己出？眼下，我不想详细讨论“你的”音乐——过些日子我会回来讨论它的。但是总体来看，你是如何设想同为作曲家的丈夫与妻子的婚后生活的？你是否想过这种特殊的竞争关系将不可避免地使我们陷入一种荒唐的境地，并最终走向堕落？如果你恰好“创作情绪高昂”，但同时又必须照管家务或是帮我查找我需要的什么资料，那将如何是好？不要误会，猜想我抱着资产阶级的夫妻关系观，后者是同时把妻子当成丈夫的玩物和管家。当然，你觉得我不会那么想的，对吗？但是，有一件事情毫无争议：如果我们要幸福地在一起生活，你就必须成为“我所需要的一切”，即成为我的妻子，而非同事。如果为了拥有我并被我拥有，你必须彻底地放弃你的音乐的话，那是否意味着毁掉你的生活，放弃你生命中不可或缺的重要成分？

在马勒逝世之后，阿尔玛又活了53年，在回顾她生平的经历时，最引人注目的还是她丰富多彩的感情生活。她的确是魅力非凡的女子，交往的对象也都是一时的俊杰。在认识马勒之前，她与分离派画家古斯塔夫·克里姆特以及作曲老师柴姆林斯基都曾有过暧昧关系。在马勒生命中的最后几年，她与建筑师瓦尔特·葛洛比乌斯发展了一段婚外恋，这给马勒带来了无尽的痛苦，然而这段婚姻到底维持到了马勒逝世。在此之后她又与分离派画家奥斯卡·柯科希卡有过一段恋情，柯科希卡最著名的一张画《风的新娘》就是献给阿尔玛的。不过最后她还是在1915年嫁给了葛洛比乌斯，并生了一个女儿玛侬·葛洛比乌斯，可惜在19岁时早逝了，阿尔班·贝尔格把自己的小提琴协奏曲献给了这个女孩。1920年阿尔玛与葛洛比乌斯离婚，随后与作家弗朗茨·维尔弗尔公开同居，并在1929年嫁给了他，她自称是“阿尔玛·马勒·维尔弗尔”。这是她的第三次，也是最后一次婚姻，两人后来移民美国并在那儿终老。

阿尔玛在1902年初结婚时已经怀有身孕，在8个月之后的11月3日诞下大女儿玛丽亚·马勒。这年夏季，马勒和挺着大肚子的阿尔玛在新建成的“作曲小屋”附近消磨了几个月的时光。这里的生活与在施坦因巴赫没什么区别，首先得满足马勒作曲的需求，而生活上的各种条件被降到了最低限度。这个“作曲小屋”里面的陈设极为简陋朴素，只有一张大工作桌、一把椅子、一架钢琴和几个书架。马勒每天清晨七点不到就来到小屋，埋首创作直到中午，之后才回到别墅中陪伴阿尔玛。在用餐前花上约一个钟头游泳、散步、划船或是舒舒服服地晒个日光浴。他一直随身带着笔记本，好记下他在休息时的灵光一闪。

阿尔玛为马勒的工作牺牲了自己的练琴时间，同时也成了马勒义不容辞的全职助手。她回忆这段时光时写道：

1904年10月《第五交响曲》在科隆正式演出，这部纯器乐的作品由一个庞大的乐队演奏，马勒亲自指挥

“他带来了他的《第五交响曲》的草稿，两个乐章已经完成了，其余的则尚在最初阶段。我弹钢琴时尽量把音量放到最小，但我问他有没有听到时，他说听到了，虽然他的工作室在离我很远的树林里。于是我改变了消遣方式：我把《第五交响曲》已经完成的部分立刻全部抄写出来；因此我的抄本只比他落后几天。……我此时已学会如何阅读他的乐谱，在抄写时心里听到声音，对于他来说越来越有真正意义的帮助。”

就这样，秋天来临之时，马勒终于在新婚妻子的帮助下顺风顺水地写完了《第五交响曲》，并于两年后的 10 月 18 日，在德国科隆举行了首演。

第 6 章：愁云惨淡维也纳

命运的重击

转眼已是1903年夏天，阿尔玛怀上了第二个孩子，马勒的作曲家身份也逐渐得到了欧洲音乐界的认可。在巴塞尔的“全德意志音乐节”上，灿若繁星的烛光照亮了宏伟的大教堂，《第二交响曲——“复活”》的演出赢得了满堂喝彩。另外，从这一年开始，马勒与阿姆斯特丹音乐厅管弦乐团的交往也密切起来。次年，他还接受了勋伯格和柴姆林斯基创建的“维也纳创造性作曲家协会”名誉主席的头衔，这个协会与现存的保守派大本营“维也纳音乐家协会”（勃拉姆斯曾担任主席）针锋相对。可以说此时的马勒已经获得了一个职业音乐家应有的荣誉，然而就在这看似美满的生活中，他写下了最为震撼而悲壮的《第六交响曲——“悲剧”》和《亡儿之歌》，好似应了中国那句“盈满则亏”的古语。

1904年6月15日，次女安娜降生，马勒给她取了个小名叫“古可儿”。喜添爱女的马勒在麦尔尼格的创作如有神助，前一年他已经勾勒出了《第六交响曲》前两个乐章的草稿，如今他一鼓作气将它杀青。另外他还写了新的《第七交响曲》中的两个“夜曲”段落，即第二和第四乐章，同时把《亡儿之歌》中剩下的两首歌曲写完。

《亡儿之歌》这部声乐套曲让阿尔玛很是不悦，因为吕克特是用这些诗篇缅怀他夭折的孩子。可以想见，还未从产后的虚弱中恢复过来的阿尔玛，在听到马勒完成这部套曲时是何种感受。她请求丈夫“看在上帝的份上，不要招惹这个坏兆头”！不幸的是，三年后这句话果然一语成谶。

《第六交响曲》曾经以《悲剧》的副标题出现在世人面前，但是后来被作曲家本人删掉了。这部交响曲的规模十分庞大，演奏时间长达80分钟，动用的编制也极为惊

报章上的讽刺画，嘲弄《第六交响曲》动用了许多奇特的打击乐器

马勒《第六交响曲》碟片封面

人，光是铜管部就有四支长号、六支小号、八支圆号。此曲形式上非常古典，采用了传统的四个乐章的曲式，以一个主调a小调为中心。但是就感情色彩而言，它超越了马勒笔下其他所有曲子，是最悲观而充满宿命论色彩的作品，好像作曲家把他对人类所有的沉痛叹息倾诉到这部交响曲里了。这首曲子的重心所在是长达半小时的第四乐章，音符就像“作曲小屋”前的参天大树，层层叠叠，密不透风，让人进入暗无天光的境地。我们仿佛能够感受到一位英雄人物，他是马勒的化身，也是一位反抗命运的战士，他毫无惧色地迎向一波波排山倒海而来的困境，却遭受了命运的三次重击，“最后一次重击后，他终于像一棵参天巨木般轰然倒下”。为了表现这三记象征命运的重击，马勒在乐谱中指示鼓手要敲出前所未闻的“大锄锤”的鼓击效果。于是我们在聆听最后一个乐章时，会两度听到天崩地裂一般，所有乐器放声齐鸣，所有听众的鼓膜似乎都要被穿透的高潮——似乎英雄的反抗胜利在望，然而突然间无情的鼓槌猛然敲响，长号和小号森森然奏出乐章的“命运”动机。阴暗的尾声充斥着不和谐的动机，原定的第三记槌声被马勒删去。长号肃然低吟一曲哀怨的挽歌，最终定音鼓和小号奏响猝然袭来的“悲剧”动机，湮没了一切乐音。

马勒一开始着手创作这部交响曲就奋不顾身地投入了这铺天盖地，让人无处逃遁的悲剧氛围中。次女的诞生，他和妻子之间感情上亮起的红灯，以及性生活的危机，都强化了此曲由内而外散发的悲剧情愫。阿尔玛回忆马勒在钢琴上弹奏此曲的情景，“他再也没有一件作品像这支曲子一般由衷而发。那天我们都情不自禁地流泪，音乐里丰富的感情直接触及我们的内心深处”。阿尔玛隐隐觉得这部作品预示着马勒未来的命运，我们当然知道这样的说法没有什么科学依据，不过在首演后一年，命运真的给了马勒三记无情的重击：他被迫辞去了维也纳歌剧院总监一职，四岁的爱女、马勒的掌上明珠玛丽亚因病夭折，数日后医生诊断出他的心脏瓣膜出现病灶——正是此病在数年后夺去了他的性命。

对于命运，马勒也是宁可信其有，在写完《第八交响曲》之后他写了《大地之歌》，却不愿意名正言顺地将它编为《第九交响曲》，因为贝多芬、舒伯特、布鲁克纳、德沃夏克这些前辈或是时贤都只有九部交响曲传世，似乎“第九”就是一道难以逾越的关隘。然而命运女神大概不愿意打破自己亲手建立的规则，马勒后来真的逢九遭难，

《第十交响曲》还未写完便撒手人寰。

而马勒的作品中最富有声响实验特色的莫过于他的《第七交响曲》了，这也是他所有的交响曲中最特立独行、最不为人知的曲目了。此曲夹在两部旷世杰作之间，前有无所逃遁、排山倒海而来的第六，后有惊天动地、气魄宏大的第八，大杂烩一般的奇异混合多年来一直让人摸不着头脑。不过假如设身处地站在马勒的角度考虑，这倒也不是不能理解。《第六交响曲》充满“我不入地狱谁入地狱”的壮怀激烈，但是迎来了一片灰暗的结局，而《第七交响曲》则提供了一个必要的过渡，让作曲家从自我的天人交战中全身而退，暂时放浪形骸于纯粹的音乐天地之中。他在这部作品里让音乐想象力任意驰骋，处处都显出旺盛的生命力。可以说这是一曲交响的盛宴，马勒所创造的缤纷万千的宇宙里，再没有一个曲子这般变化万端而莫可名状。配器手法亦是突破常规，在他过去的作品中未曾见过。

值得一提的是，在完成这首交响曲的1905年的夏天，马勒对自己创造力的苦恼达到了顶峰——他觉得乐思即将用尽。在给阿尔玛的信中他说：“我的艺术创作和生活状态，都受眼前的情绪影响。如果我强迫自己作曲，便会一个音符也写不出来。我下定决心要创作第七部交响曲，而两个‘夜曲’段落已然放在我案头，剩下的却是一筹莫展。我跑到多洛米蒂山区去，结果同样是止步不前，最后只好空手而归。……我坐上小船，准备划到对岸，而船桨刚一碰到水面，第一乐章的主题就闪过我的脑海。在接下来的四个星期里，第一、三、五乐章就顺利完成了。”

从《莎乐美》到《千人交响曲》

1905 年 12 月 9 日，德累斯顿森佩尔歌剧院。在最后一个音符的余音缓缓消失后，好像有个隐形人在指挥似的，全场观众“唰”的一声起立，“Bravo!”的欢呼声和掌声瞬间淹没整个大厅，每个男女老少脸上都呈现出复杂的神色，欢乐、痛苦、沉思、困惑、狂欢、尊敬——台上的故事太过震撼，以至于每个人好像都有满腔的情绪需要倾吐释放。这些观众何其幸福！不久他们就会意识到自己成为新世纪初欧洲最重要的文化事件之一——理查·施特劳斯的《莎乐美》的首演的见证人。缓缓拉上的帘幕没有阻挡住观众们的似火热情，全体演员整整谢幕了38次，舞台上横七竖八地堆积着从观众席的各个角落飞来的鲜花。这一夜，属于歌剧，属于德累斯顿，属于理查·施特劳斯。

莎乐美的故事古已有之，作家王尔德将其改编为戏剧，将原本简陋枯燥的圣经故事大为扩展，把世纪之交的艺术风格展现得淋漓尽致。1902年11月在柏林的首演把施特劳斯深深迷住，他决定着手创作一部歌剧。他的进度很快，次年7月，初稿完成，一年后的9月，终稿定型，接着就是1905年的巨大成功。对于这部歌剧，不仅是观众好评如潮，音乐家同行们也向他奉上了毫无保留的赞誉：拉威尔称它有“惊人的”力量，马勒则认为它是“一座活火山，一束隐蔽的火光，毋庸置疑的当代皇皇巨著”。在首演成功后不到两年时间，这部歌剧就被搬上了50家剧院的舞台。

因为施特劳斯与马勒相熟，在首演之前他邀请马勒和阿尔玛到一家乐器行里，在钢琴上自弹自唱了整部歌剧，这时候只有著名的《七纱舞》还未定稿。马勒一听便知这是一部不凡的杰作，在偕夫人出席了震撼人心的首演之后，

马勒像

更加坚定了要把这出歌剧引入维也纳的想法。但是此时的奥匈帝国已是垂垂老矣，严苛而保守的审查制度毫不客气地断定这出剧有伤风化。上层贵族沿袭着源自巴洛克的优雅生活方式，与科技文化事业突飞猛进的社会严重脱节，就算是奢靡的庆典也无法掩盖他们内心隐隐的焦虑不安。

正如小说家约瑟夫·罗斯在其著作《皇帝的坟墓》中说的那样：“在我们举杯狂饮之际，无形的死神已然用它的骷髅手指把玩着酒杯……帝国的最高统领弗兰茨·约瑟夫皇帝年事已高，身形也日渐枯朽，但他依然统治着这庞大的帝国。皇威依然存在于帝国的每个角落，但或许在我们的内心深处都已有了不祥预感：老皇帝终有亡故之日，每过一天就离坟墓更近一步，随着他的逝去，我们的君主制国家也将消亡。”弗兰茨·约瑟夫表面上不遗余力地提倡艺术自由，甚至亲临了分离派第一次画展，实际上保守的反动势力主宰着一切。

最令马勒觉得不可思议的是，他站在纯艺术的角度对这部歌剧做出的极高评价，竟被说成别有用心。检审当局禁止歌剧上演的同时，又不愿背上压制艺术自由的恶名，只说希望他“以有关各方的利益为重”，不要向新闻界大肆宣扬。这场风波进一步削弱了马勒在歌剧院的地位，他在这里的光环显然已经大大减退，各种对他不利的阴谋几乎每日都在暗中策划。最终《莎乐美》还是得以在维也纳上演，不过是在德意志人民剧院，法庭的裁决在这里不起效用。

与此同时，马勒的《第六交响曲》定于 1906 年 5 月 27 日在埃森音乐节进行首演。马勒生前从未有一首交响曲是在维也纳首演，他深知这么做会正中那些虎视眈眈的人的下怀，他们借此可以攻击他假公济私、专擅弄权。和《第五交响曲》一样，在首演之前马勒先安排它在维也纳试奏一番。为了确保乐曲的声部清晰而平衡，他郑重其事地请来一位助理指挥奥西普·加布瑞洛维奇来监听此曲，希望能够赶在首演前作最后的修正。为了实现《第六交响曲》终乐章中他想要的非金属性的锤击效果，马勒可谓绞尽脑汁。他特地去定制了一面庞大的皮鼓，用各种各样的鼓槌甚至是棍子反复敲击实验，但是到头来还是决定使用普通的低音鼓。

埃森首演之前进行了大约一个星期的排练，阿尔玛、加布瑞洛维奇、理查·施特劳斯以及两三个熟人出席了最后一场彩排。阿尔玛后来回忆道，这是一次震撼人心的巨大冲击。马勒在彩排之前就对她说：“这会让你们大开眼界。”只是连他自己大概都没能完全预料到，实际听到这首将他内心最深处的悲切完全展现的曲子，给他带来的震动。排演完毕后马勒“在休息室里踱来踱去，又是啜泣又是绞手，无法控制情绪”，周围的人不知如何是好，大气不敢出一声。

理查·施特劳斯就在这个当口走了进来，显然没有注意到房间里怪异的氛围，自顾自地说起刚刚得到的消息：“我说马勒，你明天音乐会一开始恐怕得先演奏一曲葬礼进行曲之类的，因为这里的市长突然撒手人寰了。这种事情当然讨厌得很，不过也没法子——咦，这里是怎么了？你是怎么回事？”施特劳斯自己总是抱着超然的态度谱曲，他没法理解马勒把自己的情怀完全诉诸乐曲，会让作曲家本人如此激动。

1906 年的夏天，在经历第六、第七两首交响曲的艰辛创作之后，马勒决定利用这个假期好好休整一番。创作力可能衰竭的恐惧依然在他的心头萦绕，但他决定要把这一切抛之脑后，安安心心度个假。不过他的担忧并没有成真，灵感的到来比他想象得快得多。在开始度假的第一天，他照例早早起床，踱着轻松的脚步走向他的工作小屋。“在跨进我熟悉的工作室门槛的那一瞬间，仿佛打了个激灵，造物主一把将我撅在手心。在接下来的八个礼拜里我没日没夜地创作，写就了我最伟大的作品。”

马勒仅仅用了八个星期就完成了前无古人后无来者的宏伟乐章——《第八交响曲》。此曲动用了编制庞大的管弦乐队，包括四管编制、八支圆号，另外还有竖琴、曼陀铃、铁琴、钢片琴、钢琴、簧风琴、管风琴等，以及独立于乐团之外的完整铜管乐器组。声乐方面包括八位独唱者、两个混声合唱团、一个男童合唱团。这部规模惊人的交响曲首演时全体乐手和歌手达到千人之众，因而别名为《千人交响曲》。但是作曲家极为谨慎地使用手头的资源，他很少随便动用到全部的编制。大多数情况下他都煞费苦心地编制出器乐和人声的各种组合，力求达到如室内乐一般清明澄澈的声部平衡。

《千人交响曲》是音乐史上第一部彻头彻尾的合唱交响曲，比英国作曲家沃恩·威廉斯的《海洋交响曲》完成时间还早三年。一般认为，后者开启了 20 世纪前半期英国古典音乐中器乐与声乐交融的新时代。《千人交响曲》的精神内涵可以说是总结了马勒毕生追求的人文关怀理想，通过基督教所标榜的恕、智、爱，将人性由挫折、罪孽以及绝望的深渊里，提升到精神的超迈与救赎的境地。在创

指挥家列奥波德·斯托科夫斯基同1068名表演者进行马勒《第八交响曲》之美国首演资料照片

作此曲时，马勒曾写信给门盖尔贝格说："这是我迄今为止规模最大的作品，无论是内容还是形式都非常独特，难以言表。你不妨想象整个宇宙开始发出声响时的情形，那已不是人类可以发出的声音，而是行星和太阳运行的声音。……我过去的交响曲，只不过是这首交响曲的序曲罢了。那些作品表现的都是主观上的悲剧，这首作品却是歌颂伟大的欢乐与荣光。"

这部交响曲由相辅相成的两大部分构成，第一部是以古代拉丁圣歌《请造物主的圣灵降临》为基础的结构严谨的交响化乐章，第二部则是歌德的文学巨著《浮士德》第二部最后一幕的歌剧式演化。上千人的宏伟巨制，就算无法亲临现场，光是凭借影像资料，我们依然能够感受到马勒灵感袭顶而来产生的力量。起初是管风琴、木管乐器以及低音弦乐奏出和弦，接着便是合唱团齐声高唱"请造物主的圣灵降临，你的创造在我们心中"。这个音型也是全曲最重要的主导动机，不断地重复发展就像用音符搭起了一座宏伟的拱顶建筑。身处其中的听众目之所及皆是辉煌灿烂的装饰，如同在梵蒂冈的西斯廷教堂仰望文艺复兴巨匠米开朗基罗的天顶画，不知不觉中就会被那神秘而庄严的氛围感染，进入到全身心拜服的无人之境。

《莎乐美》，弗兰兹·斯达克绘

在米开朗琪罗笔下，耶和华远远伸出手来，去接触亚当的手。亚当则似乎刚从睡梦中醒来，抬头望着耶和华，脸上流露出渴望得到智慧和力量的神色。他的左手正缓缓地伸向耶和华，几乎就要与耶和华向他伸出的手相接触——那一瞬间，生命的火花就要从耶和华的指尖跳到亚当的指尖。如此说来，马勒与耶和华何其相似，他用充满哲思和梦想的音乐给尚处在蒙昧中的听众以重生般的力量，这就是他毕生不懈的追求。

莎乐美

莎乐美是《圣经》中的一个人物，是以色列希律王的继女。她对先知约翰一见钟情，希望得到他的吻，可是被无情地拒绝。在希律王的宴会上，他答应只要莎乐美公主跳一支七层纱舞就满足她的所有愿望。莎乐美跳完后提出要约翰的头，希律王虽不乐意只得照做。莎乐美捧起先知的头，终于将自己的红唇印在了先知冰冷的唇上。19 世纪的艺术家从情欲的角度重新改写了这个故事，画家古斯塔夫·莫罗、奥博利·比亚兹莱、费德里科·贝尔特兰·麦赛斯、弗兰兹·斯达克、古斯塔夫·克里姆特，雕塑家马克斯·克林格，作家海因里希·海涅、奥斯卡·王尔德等不胜枚举的艺术大师都对莎乐美的新形象发展起到推波助澜的作用。1905 年，理查·施特劳斯改编的歌剧《莎乐美》首演成功，引起了欧洲社会的巨大震动。

告别维也纳

在写完得意之作《千人交响曲》之后，马勒的境遇急转直下。如果人可以随意删去自己的记忆，他一定会把1907年这一整年发生的事情删得一干二净。

先是维也纳歌剧院因经营不善，开支愈来愈大，而收入却不增反减。反马勒阵容的攻势日渐密集，他们质问这位首席指挥：为何在剧院发展艰难之际，置剧院的要求于身后，而是为推销自己的作品四处奔波？为何剧院不能开源节流，任凭他的爱将罗勒继续设计新的开销巨大的舞台布景？这批人都已经忘记了在马勒到来之前剧院的演出水准何其低下，甚至连一向支持马勒的蒙台努沃亲王，都在罗勒一事上加入反对派阵营。

马勒当然毫不犹豫地继续与罗勒并肩作战，只是他自己也清楚，这两年他的确花了很多时间与精力做客座指挥演奏自己的作品。以他事事追求完美的个性，想来也一定不放心别的指挥忤逆自己的本意，因而在维也纳停留的时间越来越少，也是不争的事实。

此刻，马勒又到了人生抉择的重要关头。事态的发展已是相当明显：维也纳对于这位屡招口舌之争的音乐总监已经厌倦，而他也不想浪费时间苦口婆心地解释自己的每一个决定了："任何事情都有其发展规律，我在这里担任歌剧院总监的日子，已经走到尽头。对维也纳而言，我已经不再是'新闻'，所以我最好有点儿自知之明，及时全身而退，或许维也纳人以后会知道我为他们的剧院做了什么。"

1907 年 3 月 31 日，马勒正式向剧院提出辞呈。有关当局寻找继任者的工作并不顺利，弄得整个剧院上上下下一片混乱。直到 8 月 10 日剧院才宣布新总监的人选，柏林来的费利克斯·魏因加特纳将从翌年元月起接任音乐总监一职。而马勒这边，也早已与纽约大都会歌剧院接上了头。对方的总监海因利希·康瑞德最早接触马勒时，想跟他签署一纸四年的合同，但是马勒并不放心跟一个从未见过的歌剧院签下这么久的合约。他决定先在冬季演出季工作四个月试试看，而光是这四个月的试用期他就有两万美元进账——这在当时堪称天价，当然也是马勒炙手可热的印证。同时维也纳当局为了补偿他提前解约，也慷慨地付给他两万克朗的补偿金，还从优发放给他一年一万四千克朗的退休金，并且约定在他逝世后，阿尔玛可以领取等同于枢密大臣遗孀的年金。

就在琐事缠身之际，马勒的健康也亮起了红灯。元月时他接受了家庭医生布鲁门塔尔的检查，结果查出了他有轻微的心脏瓣膜缺陷的病症。医生给出建议，让他不可操劳过度，但是也不必太过惊慌，他依然可以过正常的生活。马勒因此略感放心，只是他和医生都没有想到，他久病不愈的喉咙感染的痼疾，以及这次诊断出来的心脏机能失调问题，二者直接关联。正是心内膜发炎导致了他的喉咙一再受到细菌感染，而且日趋严重，可惜当时遏制链球菌肆虐的青霉素还未发现，饱受病魔折磨的马勒注定是回天乏术。

6 月底马勒决定听从医生的建议，携妻带女到麦尔尼格度假。就在抵达那儿的第三天，命运就狠狠地给了他们一家无情的打击。小名叫“布琪”的长女玛丽亚同时染上白喉和猩红热，在与病魔苦苦斗争两个星期之后，于 7 月

马勒像

12 日离开人世。当时医学条件着实有限，马勒夫妇只能眼睁睁地看着原本活力十足的女儿一天天憔悴下去，她日渐低沉无力的呻吟一声声撕裂着父母的心，可是他们一点儿办法也没有。四岁半的孩子正在最活泼可爱的年纪，她每天一有空就跟父亲腻在一起，说些外人听不到的悄悄话，没完没了地玩耍逗趣。可命运就是如此残酷无情，转眼间她便永远离开了父母，化作天使飞向天国。

两天之后的葬礼上，马勒把阿尔玛和当时也陪伴在侧的阿尔玛的母亲打发到湖边去，以免她们目睹装着玛丽亚棺材的灵车离去的情形。但是，摩尔太太还是看到了这一幕，伤心得瘫软在地。当满脸是泪的马勒走回来时，阿尔玛也看到了他身后灵车缓缓驶过的场景，发出一声无力的“布琪”之后她也晕了过去。于是马勒请来布鲁门塔尔医生前来为她诊疗，顺便再次为马勒检查身体，诊断结果无疑又给马勒一记当头闷棍。他的心脏病变较数月前的检查结果相比明显恶化，医生建议马勒尽快返回维也纳向著名的专家柯瓦奇斯教授求诊。柯瓦奇斯的诊断证实了布鲁门塔尔所言不假，他告诉马勒如果想多活几年最好从今天起严格限制体力活动，谨遵医嘱，悉心调养。对于酷爱户外活动的马勒来说，这个诊断结果跟宣判死刑也无甚差别了。

在这几个星期地狱一般的经历后，马勒夫妇再也不想回到那个伤心之地了，他们转赴奥地利的提洛尔山区的度假地史路德巴赫，在此度过夏季剩下的假期。为了排遣忧思，马勒重新拾起了一本早些年从友人那儿得到的中国唐诗选集《中国之笛》。诗中的情绪恰好与他的悲苦心境一拍即合，在这几个星期里他勾勒出《大地之歌》的初稿。

这年秋天马勒就要告别维也纳，10 月 15 日他以《费黛里奥》一剧作告别演出。随后他前往俄罗斯客座巡演，在圣彼得堡的两个乐季之间他还抽空去了芬兰赫尔辛基，在那儿他结识了小他数岁的让·西贝柳斯。这两个人都是当时欧洲鼎鼎大名的作曲家，可是理念却走向了两个极端。他们艺术观点的激烈交锋堪称音乐史上的经典：西贝柳斯认为交响乐应该尽可能简约而凝练，在作曲家的千锤百炼之后成为至纯至精的艺术品；而马勒对此斩钉截铁地宣称："不，交响曲必须像这个世界一般，无所不包。"西贝柳斯的传记作家卡尔·艾克曼的记载使得马勒的这个回应永垂不朽。虽说两人艺术观点对立，不过并不影响两人的友谊。西贝柳斯称赞他："马勒为人极为谦和自持，但他实在是很有趣的人……他的人格魅力和音乐美学让我倾慕不已。"马勒也认为西贝柳斯是一个极为和善可亲的芬兰人。

芬兰曾经使用的100马克纸币，印有西贝柳斯像

转眼就到了 1907 年的冬天，萧瑟的寒风吹遍了维也纳的每一条街道。马勒在这里的正式告别音乐会在 11 月 24 日，一个看起来再普通不过的星期日举行，可是每一位来到乐友协会大厅的听众都明白这个周末的意义——从此之后，欧洲再无马勒。音乐会曲目是他的《第二交响曲——“复活”》，似乎冥冥之中预示着他要在大洋彼岸浴火重生，开启一段新的人生。在乐队奏响最后一个音符后，台下坐着的人无不热泪盈眶。此时此刻唯一可以回报眼前这位鞠躬尽瘁，带给维也纳人无数个美好夜晚的指挥家的只有掌声了。维也纳人用如海浪一般起伏，一阵高过一阵的掌声召唤马勒，仿佛此生最后一次鼓掌一般尽力而不舍，指挥家足足谢幕了 30 多次才离开。布鲁诺·瓦尔特后来回忆起这一天时说：“维也纳几乎所有的音乐家和歌唱家，以及爱乐大众都在这里接受了最具决定意义的艺术熏陶。”

次日是马勒在歌剧院办公室的最后一天，他在公告栏上贴出了一封公开信。

尊敬的宫廷歌剧院诸位前辈：

我们共事的时光，已经告一段落。我带着留恋之情要离开这个大家庭，在此向各位辞别。我将去之际所留下的，并非是我原来希望达成的尽善尽美之境，而是有着未能完成的遗憾，人生在世似乎总是难以逃脱这样的宿命吧。我的作为是否能够像我所设想的那样被大家理解，不是我自己可以控制得了的事情；然而此时此刻我扪心自问，我已经尽心竭力，可以无愧于天了。我设定下了高远的目标，尽管我的努力并非都卓有成效。最受到现实条件制约的，最容易招人非议的，莫过于诠释艺术，不过我总是尽力而为，为达到理想而忘却保全自己，以职务为大局，而非单单考虑小我。我向来要求自己极为严格，所以我才可以理直气壮地要求别人达到完美。

当不和谐的音符产生的时候，作为当事者的你我都难免会受到一些伤害或者互相误解对方。但是当我们合作愉快，困难迎刃而解之时，我们就能够忘却所有的辛苦操劳，衷心地感到快慰，即便是在他人眼中我们的成功不值一提。我们都有了长足的进步，为剧院的发展付出心血，现在就请接受我由衷的感谢，感谢那些在我艰难而惹人厌恶的任职期间给予我坚定支持的人，感谢那些曾经无私帮助过我、同我一起并肩作战的人。我诚挚地祝福诸位前途一片光明，宫廷歌剧院蒸蒸日上，我不会忘记关心它的未来。

令人遗憾的是，这些真诚而坦率的词句以及前一晚演出的感人场面，都丝毫没能打动保守派的心。马勒这篇临别赠言没过一天就让人从公告栏上揭了下来，撕成碎片撒得满地都是。

两个星期后的 12 月 9 日，马勒一家搭乘早班火车挥别维也纳。全城各界两百多人前来为马勒送行，包括瓦尔特、勋伯格、罗勒以及柴姆林斯基，那场面极为动人。乌压压的一片人群在火车喷出的白雾里久久矗立，直到冬日冰冷的阳光刺穿那雾气。

第 *7* 章：在纽约的暮年

大地之歌

圣诞节前一个礼拜，马勒一行抵达大洋彼岸的目的地。在此之前，报刊舆论对他的到来已炒得沸沸扬扬，大家都对他翘首以盼。陷入困境之中的大都会歌剧院亟待高人来力挽狂澜，而马勒，这位已经蜚声国际的著名指挥，会不会在异国再次书写传奇？

之前我们屡屡提及大都会歌剧院，都是各种重金挖人的新闻，可见其财力雄厚。但是金钱未必能够确保艺术水准，当时德裔的剧院总监海因利希·康瑞德身体欠佳，而

1905 年的纽约大都会歌剧院

同处纽约的曼哈顿歌剧院虽然才建立四年，却因为经营有方而异军突起，抢了大都会歌剧院不少生意。马勒的到来想必会让歌剧院的艺术水准和经营水平有所改善，不过不凑巧的是，歌剧院的主要赞助人之一的奥托·卡恩同时邀请了另一位年纪轻轻而声名鹊起的指挥——阿尔图罗·托斯卡尼尼。这俩人相见，不消说使得董事会感到坐卧难安：马勒的指挥暴君之名早已名扬海外，而托斯卡尼尼也不是什么谦和恭谨之辈。虽然后者信誓旦旦地说很高兴“能够与马勒这样才华满腹的艺术家共处”，他“对马勒敬仰万分，能够和他而非庸才共事，实乃人生一大幸事”，只是两人实际共处时的情形，恐怕只有上帝知道了。

1908 年元旦，《特里斯坦与伊索尔德》举行盛大首演，乐评家里夏德·艾德利奇在《纽约时报》上评论道：“新任指挥不同于前人之处，在演出中清晰地展现出来了。戏剧的美感贯穿全场，而音乐的诠释则毫不逊于诸位在纽约听过的任何一场演出。”在开了一个好头之后，紧接着便是《唐·乔凡尼》《女武神》《齐格弗里德》和《费黛里奥》等马勒的拿手之作。这些在欧洲打磨多年的经典剧目搬上了新大陆的舞台，让美国人眼前一亮。

这年夏天马勒回到欧洲探亲访友，顺便担任了一系列音乐会的客座指挥。在经历了去年一连串的沉重打击之后，马勒夫妇再也不想回到麦尔尼格这个伤心之地。他们在意大利多洛米蒂山区的小镇托布拉赫附近找到了一处合适的小农庄，建起了他的第三个“作曲小屋”，开始了新的夏季作曲时光。只不过今非昔比，失去爱女移居他乡已是让人无法承受，而他的身体此时也是每况愈下。在给瓦尔特的信中，马勒无不悲伤地倾诉：“我的生活方式不得不彻底大变样，你没法想象这对我来说是多么大的折磨。长年习惯于消耗体力运动的我，在林中、在山上健步如飞，从大自然中汲取无限的灵感。之后回到小屋中，把灵感逐一‘收割’，才能整理出曲子来。我走一趟路或是爬一次山，便可以将精神上的疲劳消除殆尽。如今我却不能有半点劳累，时时得保护身体，连走路都得尽可能避免。……只不过缓步走上一小段路，我的脉搏就跳得飞快，实在让我沮丧至极。想要放松一下却把自己弄得疲惫不堪，这真真是我所受过的最大磨难。”

不过一旦全身心地投入到作曲中，马勒好像又恢复了些许活力，写下的信件也不像之前那么晦暗了。这里的风景迥异于施坦因巴赫和麦尔尼格，无论是马勒一家居住的旅馆，还是草草搭建的木制“作曲小屋”，都没有湖水的映衬。站在小屋前举目所见，到处都是突然裂开如绝壁般陡峭的峡谷绝岩，或是像刀锋般险峻尖锐的山峰，山石裸露、峰峦叠翠的山脉和风景如画的秀丽小湖——居伦湖远远望去，正如中国山水画一样的意境。1908 年，正是在这里，马勒完成了为男高音和女低音及交响乐队而作的声乐套曲《大地之歌》。

马勒自认这部作品大概是他所有创作中最为个人化的一首心曲。在生命之火将要燃尽之时，他却重新展开了一段学习的历程，眼前所见皆是未至之境。与死神朝夕相处时，人的眼界反而可以广阔起来，用留恋的心情玩味每一秒的风景，那画面仿佛凝结成了永恒，光是活着这件事情便能够使人无限愉悦。在马勒的全部作品中，唯有此曲，死亡逼近的痛楚和生命难舍的情致才水乳交融地共存。旋律时而纤美无比，时而深刻异常，暗流隐隐涌动，贝特格译出的中国情境得以变成音符流入听者耳中。令人印象深刻的是，慢板终曲乐章《告别》长度相当于前五个乐章的总和，其深邃的精神内涵也是全曲的中心所在。绵延不断一唱三叹的旋律之下，孤寂、清幽、渴慕、悲凉、无奈、晦暗等情思交织穿梭，一切都在最后复归空寂。低音大提琴、低音大号、圆号和中国锣的声响层层排铺，独自游弋

马勒在赴美途中的留影

的木管仿佛一位独行客，难以言说的苍凉让人潸然泪下。马勒添加了自己的诗句，表达他最终必须挥别人世的痛楚："春回大地，百花盛开/新绿处处/在那无垠的太空/到处弥散着蓝色的光芒/永远……永远……"独唱者飘渺迷茫地重复着"永远"这个词，直到它越来越轻，最终消失在空中。这个结束乐段超然于物外，洗尽铅华，情韵悠长，仿佛无始无终，乐音和静谧之间没有界限。生命的无尽渴慕和顺天知命的体悟，在此化归一体。

夏季结束前，大都会歌剧院终于正式签下了托斯卡尼尼，果不其然，他一来就坚持要在新乐季首演《特里斯坦与伊索尔德》。马勒因为没有征求他的意见就决定排演这部瓦格纳巨著而使托斯卡尼尼十分生气，他写信谴责歌剧院的做法："我上一乐季为《特里斯坦与伊索尔德》而耗尽心血，我可以光明正大地说这部剧在纽约展现的面貌是我的精神财产。"经历风波之后托斯卡尼尼终于妥协，他指挥了《阿依达》作为首演。一场激烈斗争就这么暂时平息下来，不过可以预见的是，未来几年内马勒的纽约生活必将遍布腥风血雨。

与爱乐协会委员会的龃龉

平心而论，马勒还是很喜爱纽约这个新兴的大都市的。这里的市民和善友爱、不拘小节，与维也纳那些彬彬有礼的贵族大相径庭。纽约现代化的摩天大厦十分壮观，新修的地铁让出行十分便捷，只要条件允许，马勒总是舍弃计程车而选择地铁。他与阿尔玛初到此地之时，暂时居住在可以俯瞰中央公园的美杰大旅馆 11 楼的套间里。纽约中央公园占地 5000 多亩，是纽约最大的都市公园，经过精心的规划成为纽约乃至世界各地游客游览休闲的好去处。直到今天，中央公园周围高楼林立，但是它们并未蚕食一寸公园的土地，这在寸土寸金的纽约实属难得，而公园附近的公寓酒店也成为上流社会竞相追逐的高雅之地。想必马勒每日站在窗前俯视中央公园时，一定感受到新大陆上风格迥异的自然气息了吧。

此时给他带来最大麻烦的是纽约爱乐协会委员会。事情起源于纽约爱乐乐团，他们希望能够延请一位常任指挥扭转眼下经营不善的局面，若干富裕的赞助人出资，由几位女士做委员会的代表，想请马勒取代现任首席指挥瓦西里·沙弗诺夫，负责振兴乐团。这时委员会只是为马勒如日中天的响亮名头所震慑，他们并没有意识到马勒身上对艺术的执着和桀骜会偏离他们为指挥定下的条条框框。而马勒这边，也为这个挑战所吸引，稍加考虑便答应了这项邀约，这让委员会喜出望外。

爱乐协会委员会立即着手安排了两场演出，希望能够借助马勒响亮的名头一炮打响。只可惜乐手素质一贯的低下并不是指挥几天的调教可以克服的，特别是木管部，在演出结束后遭到了乐评界众口一词的恶评，乐团人员的大换血在所难免。在演出结束之后，马勒夫妇回到欧洲避暑，在巴黎短暂停留时，他们结识了大雕塑家奥古斯特·罗丹。后者为马勒制作了一尊青铜雕塑，现存维也纳国家歌剧院的大厅中，受到来自世界各地乐迷的瞻仰。

在 10 月回到纽约前，马勒还前往荷兰，与阿姆斯特丹皇家音乐厅管弦乐团合作了他的《第七交响曲》。和纽约爱乐乐团相比，这些训练有素的乐手想必让马勒颇为舒心。

罗丹为马勒塑造的青铜头像

与此同时，纽约爱乐委员会的复兴计划正如火如荼地展开，11 月4 日就要迎来他们的第68 个乐季。委员会在咄咄逼人的谢尔顿女士的带领下，决心要让纽约爱乐乐团重振威名，抢回美国第一乐团的名头。提奥多·史皮林被任命为新的乐团首席，木管部若干不称职的乐手被请走，弦乐的编制得以改善，低音大提琴由原来的 14 人缩减为 8 人。他们设置了全新的演出计划，安排了周四夜晚和周五下午的预约音乐会，新推出周日午场音乐会系列，在布鲁克林学院策划特别系列，安排了一系列的巡回演出，曲目和形式可谓丰富多彩。

按理说这样精心的设计能够赢得大多数听众的喝彩，可是他们低估了马勒在当时看来十分超前的创作和演出理念。以遵循道统为荣的保守人士习惯了古典式样的云淡风轻般的诠释，对马勒热烈激昂直指内心的表达十分不悦。何况马勒对经典曲目的编制多有自己的修改，甚至比他小几岁的理查·施特劳斯的作品，马勒也毫不客气地以个人化的理解修缮曲目细节。相比他对经典曲目的处理，纽约似乎更接受他自己的作品。不过保守人士对其饱含心血的创作总是不以为然。《纽约论坛报》的亨利·克列比尔，也是纽约爱乐乐团的首席记者和撰稿人就认为："马勒没有理由自命不凡，把自己当成鄙陋的先知，他在《D 大调交响曲》的最后乐章就以这种姿态出现。他表现得再明白不过了，在一片令人难以忍受的噪音之中，没有任何来由地插入一段柔美至极的旋律。"乐评家的鄙陋浅薄如此，难怪马勒不惜打破惯例，坚决不让克列比尔为自己的交响曲作乐曲阐释。马勒在纽约只指挥过自己的第一、第二、第四这三首交响曲。

总体来说，马勒和纽约爱乐乐团的合作可谓相当失败。

虽然他试图推出一些新近创作的曲目以飨大众，例如法国作曲家柏辽兹的《幻想交响曲》、英国作曲家爱德华·埃尔加的《海景》和《谜语变奏曲》等等，可是纽约的听众并不领情，他们只要看到曲目上排出的是比较当代的作品，通常就会敬而远之，因此这里上演的还是以德奥传统的曲目为主。

不过就在这糟糕的保守音乐氛围中，马勒还是充分把握住了机会，与一些传奇性演奏名家进行了合作。当代小提琴大师弗里茨·克莱斯勒演奏了勃拉姆斯和贝多芬的小提琴协奏曲，他曾为这两部作品写过非常著名的华彩片段；约瑟夫·莱文在柴可夫斯基《第一钢琴协奏曲》中担任独奏；另一位俄国音乐史上的大师级人物谢尔盖·拉赫玛尼诺夫也在1910年主奏了自己的《第三钢琴协奏曲》。拉赫玛尼诺夫十分不满美国人对待演出的商业眼光，而马勒正是逆流奋进的指挥家代表，他“全身心地投入到这部协奏曲中，直至相当繁复的乐队伴奏部分也达到了近乎完美的境界。对他而言，乐谱的每个细节都不容放过，这在指挥家中颇为少见”。而另一位与马勒愉快合作的音乐名家、意大利作曲家、钢琴巨匠费卢西奥·布索尼则表示：“和您在一起有涤荡心智的效果，只要来到您的身边，我感到如沐春风，好像回到了青年时代。”他们把一曲贝多芬的《皇帝协奏曲》表现得汪洋恣肆、生机盎然，可谢尔顿女士抗议：“不行，马勒先生，这样绝对不行。”

马勒那时候一定已经有所觉悟，在这种外行人指手画脚的高压下，可供他发挥的空间实在少得可怜。作家里夏德·施克尔在他 1960 年的成名作《卡内基音乐厅的世界》中刻画了这些委员会女士的可笑嘴脸：“她们有钱，头脑简单，对音乐所知甚少，更别提真正的热爱。……她们根本没有资格和这样一位艺术家有交集。对她们来说，音乐仅仅是一种赏心悦目的活动，和慈善舞会或是购物活动差不了太多。”然而，这些对贝多芬不甚了解的人，却敢大摇大摆地跑来指摘一位顶尖的音乐家，马勒对此只能报以苦笑。她们曾经信誓旦旦地允诺首席指挥拥有的充分的艺术自由，现在看来不过只是一张空头支票。但马勒也不轻言退让，他总是坚持自己的艺术理想，虽然在这之后总是会迎来委员会变本加厉的拷问。

1911 年 2 月，马勒终于被全体委员会“召唤”，她们以各种“违背职责”的罪名狠狠地训斥了他一顿。最初口头定下的种种约束，现在变成了切实可见的镣铐，马勒的权责受到了大幅的缩减。心高气傲的马勒怎能忍受这般屈辱，他愤然摔门而出，留给高傲而无知的女士们一个倔强的背影。这一刻，马勒曾经对纽约爱乐乐团抱有的所有美好设想都烟消云散，曾经蜚声国际的著名指挥也有落魄如今日的时刻，令所有人唏嘘不已。

2 月 21 日，马勒指挥了乐团的最后一场音乐会。在这之前他喉咙感染的顽疾再度复发，医生一再告诫他放下工作静心休养，但因为当晚是好友布索尼《悲歌摇篮曲》的首演，他仍然强支病体完成了表演。他的敬业精神赢得了听众们充满敬意的热烈掌声，可是这并不能动摇爱乐委员会撤换他的决心。这个乐季剩下的音乐会由乐队首席提奥多·史皮林代为指挥，与以往的经历如出一辙的是，乐评界对史皮林别有用心地大肆吹捧，称其“可以跻身最伟大的指挥家之列”。这让旁观者布索尼的心都碎了：“没有人对马勒的离去表示只言片语的遗憾！我们曾在历史书上读过这种事情，可是当你亲身经历时，整个内心都写满了绝望。”

该年年末的 11 月 23 日，纽约爱乐乐团为马勒举办了一场纪念音乐会，他在作曲上的卓越成就，仅仅以《第五交响曲》的第一乐章敷衍过去。可随着时间流逝，马勒这块金子，不，这座金矿，终于迎来了掘金人的争相挖掘。

马勒画像

若是人生真有来世，不知道那些肆无忌惮地贬低嘲笑马勒的人们会不会为自己的浅薄和草率而捶胸顿足、后悔不已呢？

生命的最后时刻

马勒还未写完的《第十交响曲》的手稿上，潦草的笔触触目惊心地写了几排大字："慈悲吧！……噢！上帝！上帝！为什么要背弃我？……只有你知道此为何意。……永别了，我的琴！"而在最后一页的手稿上，斗大的字迹使人不禁想象作曲家痛苦万分的情状，他似乎在张嘴呐喊，声嘶力竭："为你而生！为你而死！阿尔玛！"好像下一秒就有热泪夺眶而出，感人肺腑。

这份把心窝都掏出来的悲恸，来自于马勒对可能失去妻子的不安和忏悔。前面我们已经提到马勒对伴侣的极为严苛的要求，这对于才华横溢、情感丰富的阿尔玛来说，

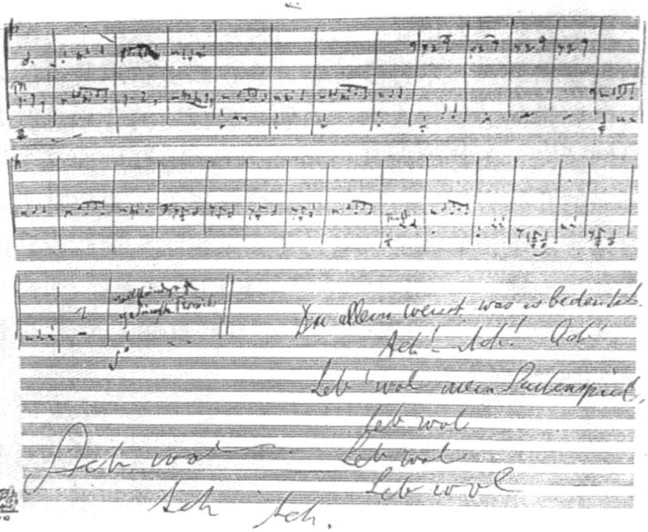

马勒《第十交响曲》第四乐章结尾

本来就是难以忍受的束缚；加之经历丧子之痛，维持夫妻感情的纽带瞬间断裂了一条——阿尔玛再也不是原来的阿尔玛了。而马勒日益恶化的健康以及新大陆上新的生活方式都让他们之间的裂痕愈加扩大。到了 1910 年夏季，阿尔玛的精神状况已经到了必须进行专门医治的崩溃边缘。5 月，她住进了托贝达的疗养院，然而却引发了一段著名的婚外情事件。医生建议她去跳舞散心，她却在舞会上结识了瓦尔特 · 葛洛比乌斯，一个比她小四岁的年轻建筑师。

阿尔玛本就美丽大方、聪慧过人，加之深陷感情危机，这两人迅速陷入爱河。葛洛比乌斯迫不及待地向阿尔玛表达爱意，在她回到托布拉赫后不久，他的情书便追随而至，直截了当地请求阿尔玛抛弃丈夫，与他结婚。可是匪夷所思的是，葛洛比乌斯不知是被爱情冲昏了大脑还是因其他原因，居然把收信人写成“总监先生马勒”。这一段难堪的恋情迅速曝光，我们后来人忍不住会揣测总监先生收到此信作何感想——恐怕对自己要求向来严苛的马勒在震惊和愤怒之余，对自己冷落妻子的行为十分懊恼吧。

处理此事时，马勒显示出了一个大家应有的胸怀和气魄，他并没有责骂或是惩罚妻子，而是把情敌葛洛比乌斯请到家中，让阿尔玛自己做出选择。结束了梦幻般的疗养

马勒诞辰150周年纪念音乐会碟片封面

生活后，阿尔玛很明白，一时的美妙交游抵不过日常生活的细水长流，她其实并没有选择的余地——“我根本不能想象没有马勒的日子，更别提是跟另一个男人一起生活。我常常会想象自己一个人到别处，开始我的新生活的情景，不过却从未想过与另一个人的可能性。马勒始终是我生命的中心。”

事情虽然妥善解决，不过潜藏在阿尔玛心中的隐秘情感诉求却浮上了水面。马勒好像是受了当头一棒，成日活在沉重的愧疚之中。8 月，他与著名心理学大师弗洛伊德会面，做了一番长谈，他幡然领悟到自己一向忽视妻子的感受是多么愚蠢的做法，发誓从此以后要对妻子加倍体贴关心。一夜之间，阿尔玛成了马勒全部生命寄托的重心。他会在熟睡的妻子的床头留下亲昵的字条，他更为自己阻挠妻子作曲而悔恨万分。仿佛就在一瞬间，他意识到是自己硬生生地将妻子作曲的才华扼杀，如今在迟到的忏悔之后，他力促妻子把早年的作品重新修订整理，付梓印行。

同一时期在慕尼黑举行了《第八交响曲》的首演，排练期间马勒几乎每天都像热恋中的青年人一般给阿尔玛写情书。最后一封这样写道：“这八个星期以来我第一次（事实上是我有生以来第一次）感受到了爱所带来的至上欢乐，这是个全心全意在爱的人，知道了他也同时在被人爱着。到头来我的美梦终于成真：‘我失去了全世界，却找到了归宿！’”

在首演前没几天，马勒的败血性喉炎又一次发作，高烧持续不退。他凭借顽强的毅力支撑着，才得以赶上最后一次总排练。这场首演是马勒最后一次在欧洲指挥演出，也是他指挥生涯最光辉的顶点和谢幕。他一出现在指挥台上，全场听众肃然起立，鸦雀无声，一片静默。紧接着马勒一抬手，突然爆发的合唱音流刺穿了听众的耳膜，也刺进了听众的心。这真是远不能用言语形容的经验。同样令人难以置信的是，演出刚一结束，听众们就像潮水一般涌向台前，足足为马勒鼓掌喝彩了半个小时。马勒攀上了演出平台的台阶，最上面就是儿童合唱团，他们可能还不大明白自己见证了一个伟大音乐家多么重要的时刻，只是一个个把小手拍得通红，眉开眼笑。马勒同每一双伸出的手相握，沿着平台向右缓缓走去……

马勒生命篇章的最后几页，所幸很快就翻过去了，不像前辈舒曼，在精神病院中受了两年的煎熬。在纽约指挥完最后一场音乐会后，抽血化验的结果表明他得了急性的链球菌感染。马勒当即决定去巴黎治疗，可是治疗链球菌的青霉素还未发现，再高明的医生也回天乏术。

于是马勒的病情就像打摆子似的，时好时坏。初到巴黎，他的精神突然一振，仿佛欧洲这片土地真如他一贯所言，对他有身心两方面的疗效。可是这不过是昙花一现罢了，他坚持出门坐车游览，上车时好像没事人一样，下车时已经气若游丝了。在此之后，马勒的病情迅速恶化，众人束手无策之时，只能听从著名血液病理专家弗朗茨·夏沃斯代克教授的建议，把马勒送到维也纳，这或许会对病人产生一些心理效用。

维也纳，这里承载过他的多少梦想，又带给他多少难言的苦痛和失落。他在这里求学，在这里结婚，在这里有他最亲密的朋友和爱人，可是这一切已经随风而逝了。马勒住进了维也纳的一家疗养院，阿诺德·伯林纳、布鲁诺·瓦尔特等一众好友陪在他的身边。马勒的意识时有时无，可在他清醒的时候，他念念不忘的是心高气傲的勋伯格以后谁来照顾，甚至对维也纳歌剧院的现状发一通恨铁不成钢的牢骚。他把未完成的《第十交响曲》手稿交给阿尔玛全权处置。不久，他就意识涣散到连亲妹妹贾丝汀娜都认不出来了。马勒生命的最后几日陷入了深度昏迷，他口中喃喃自语的，只剩下“我的小阿尔玛”这一句。

捷克在2010年（马勒诞辰150周年）发行的纪念邮票

马勒墓

1911 年 5 月 18 日晚刚过 11 点，马勒溘然长逝。跟“乐圣”贝多芬一样，他也是在一个风雨交加的夜晚离去的，临走前最后说的也是“莫扎特”。

依照马勒的遗愿，他被葬在了维也纳格林辛的公墓里，与大女儿玛丽亚长相为伴。他的墓碑也依其所愿，只简单地刻上“古斯塔夫 · 马勒”的名字。“前来探访我的人自然知道我是谁，而其他人则不需要知道了。”

马勒就这样离我们而去了，可是他的故事并没有就此终结。在他与世长辞六个月后，瓦尔特指挥首演了他的《大地之歌》；七个月后，他在维也纳让世人聆听到了马勒的《第九交响曲》；再后来又有多人整理和续编了《第十交响曲》。而第二次世界大战后，人们对精神世界的反思和渴慕也带动了社会大众对马勒作品的重新认识，像以伯恩斯坦为首的一批著名指挥，对推广马勒起到了极为重要的作用，因此如今才有了我们轰轰烈烈纪念马勒诞辰 150 周年和逝世 100 周年的各种演出和活动。

只要人类的爱和信仰不灭，马勒就不会离我们太远。

附录：马勒年谱

1860 年，7 月 7 日生于波希米亚的卡利斯特。

1866 年，学习钢琴，上学。

1869 年，在钢琴教师布罗什的指导下学习。

1870 年，10 月 13 日在伊格劳开独奏音乐会。

1871 年，在格林菲尔德家寄宿。

1875 年，弟弟恩斯特·马勒去世。

1876 年，在钢琴和作曲比赛中获奖。7 月 10 日在维也纳音乐学院上演其钢琴五重奏作品。9 月 12 日在伊格劳开音乐会，其中包括早期的一首小提琴奏鸣曲。

1877 年，获得另一项钢琴演奏奖。为安东·布鲁克纳《d 小调第三交响曲》作钢琴缩谱，由提奥多·拉提希出版。

1878 年，7 月 11 日离开音乐学院，在伊格劳注册入学，教授钢琴课，开始为康塔塔《悲叹之歌》写歌词。在维也纳大学修习哲学、历史和油画史等课程。

1879 年，在匈牙利和维也纳等地教钢琴。首次恋爱，对象是约瑟芬娜·波伊索。

1880 年，2 月至 3 月完成三首歌曲创作；夏季在哈尔温泉剧院任指挥。11 月 1 日完成《悲叹之歌》的音乐创作。

1881 年，《悲叹之歌》没有获得乐友协会设立的贝多芬奖。9 月至次年 4 月在莱巴赫任指挥。开始神话歌剧《山妖》的创作。

1882 年，在捷赫拉瓦教钢琴、作指挥。

1883 年，1 月至 3 月，在奥尔米茨皇家市立剧院任指挥。7 月去拜罗伊特看瓦格纳的歌剧《帕西法尔》的演出。8 月任卡塞尔皇家普鲁士宫廷剧院第二指挥。

1884 年，为《萨金根的小号手》配乐。创作声乐套曲《旅行者之歌》；开始《D 大调第一交响曲——“巨人”》的创作。

1885 年，结束和约翰娜·李希特的恋情。7 月 1 日离开卡塞尔歌剧院，任布拉格皇家德意志歌剧院第二指挥。指挥瓦格纳和莫扎特的歌剧作品获得了巨大成功。

1886 年，4 月，在布拉格演出。8 月，在莱比锡歌剧院的阿图尔·尼基什下任第二指挥。

1887 年，在莱比锡首次指挥《齐格弗里德》；致力于完成卡尔·马利亚·冯·韦伯的歌剧《三个品脱》。与其孙媳妇玛丽安·玛蒂尔达·冯·韦伯发生恋情。秋天在莱比锡与理查·施特劳斯相遇。完成《第一交响曲》的创作。

1888年，1月20日，韦伯的《三个品脱》在莱比锡首演。5月，辞去莱比锡职位，成为布达佩斯皇家歌剧院的音乐指导、指挥。开始《c小调第二交响曲——“复活”》的创作。

1889年，父亲、母亲相继去世。11月20日，《第一交响曲》以交响诗为标题在布达佩斯首演。

1890年，和妹妹贾丝汀娜·马勒在意大利度假。12月指挥马斯卡尼的《乡村骑士》。

1891年，与布达佩斯皇家歌剧院新总监发生争执，于3月14日辞职。3月29日开始担任汉堡的第二指挥。为汉斯·冯·彪罗表演未完成的《第二交响曲》。

1892年，指挥柴可夫斯基的《叶甫盖尼·奥涅金》。以指挥家的身份于6、7月访问伦敦科文特花园皇家歌剧院。《歌曲集》第一、二、三出版。在汉堡和柏林演出由管弦乐队伴奏的歌曲。

1893年，在施坦因巴赫的阿特尔湖畔度假，在那里继续《第二交响曲》的写作；10 月 27 日在汉堡演出《第二交响曲》。

1894 年，6 月 29 日《第一交响曲》在魏玛以《巨人》的标题进行演出；7 月 25 日在施坦因巴赫完成《第二交响曲》；继彪罗后成为汉堡歌剧院的第一指挥。

1895 年，2 月，弟弟奥托·马勒自杀。

1896 年，3 月 16 日在柏林举行声乐套曲《旅行者之歌》和《第一交响曲》的首演。8 月 6 日在施坦因巴赫完成《第三交响曲》的创作。

1897 年，2 月 23 日成为罗马天主教徒。

1898 年，在维也纳皇家宫廷歌剧院进行改革。继汉斯·李希特之后成为维也纳爱乐管弦乐团的指挥。

1899 年，在沃特湖附近的麦尔尼格购置房产。8 月，在旧奥斯湖开始《G 大调第四交响曲》以及一些歌曲的创作。

1900 年，6 月，携维也纳交响乐团去巴黎演出。8 月 5 日在麦尔尼格完成《第四交响曲》。

1901 年，2 月 17 日在维也纳指挥《悲叹之歌》的首演。4 月辞去维也纳爱乐管弦乐团指挥的职务。夏天在麦尔尼格开始《升 c 小调第五交响曲》的创作。同时创作德国诗人弗里德里希·吕克特的一些歌曲（包括《亡儿之歌》的前三首）。11 月 7 日遇见阿尔玛·玛丽亚·辛德勒。11 月 25 日在慕尼黑指挥《第四交响曲》的首演。

1902 年，1 月 12 日和 20 日在维也纳指挥《第四交响曲》的首演。3 月 9 日和阿尔玛·辛德勒结婚；在俄国边度蜜月边指挥。6 月 9 日在德国指挥《第三交响曲》的首演。遇见威廉·门盖尔贝格。夏天完成《第五交响曲》的创作。11 月 3 日大女儿玛丽亚·马勒出生。

1903 年，在德国的许多地方指挥演出他的交响曲。2 月 21 日起与阿尔弗雷德·罗勒一起设计《特里斯坦与伊索尔德》的舞台美术背景。在麦尔尼格开始创作《a 小调第六交响曲——“悲剧”》。10 月 22、23 日在阿姆斯特丹指挥《第三交响曲》。

1904 年，6 月 15 日小女儿安娜·马勒出生。

1905 年，1 月 29 日维也纳首演声乐套曲《亡儿之歌》，在多种场合指挥他的交响曲演出。夏天完成《第七交响曲》。12 月 21 日在维也纳指挥由罗勒重新设计的《唐·乔瓦尼》的演出。《第五交响曲》《亡儿之歌》及创作的吕克特的其他歌曲出版。

1906 年，1 月 29 日指挥莫扎特的《后宫诱逃》的演出。1 月 30 日指挥舞台重新设计的《费加罗的婚礼》的演出。5 月 27 日在埃森音乐节指挥《第六交响曲》的首演。6 至 8 月在麦尔尼格创作《降 E 大调第八交响曲》(《千人交响曲》)。8 月在萨尔茨堡音乐节上指挥。

1907 年，年初，心脏衰竭确诊。7 月 12 日长女玛丽亚夭折。8 月，辞去维也纳皇家宫廷歌剧院院长及指挥职务，接受纽约大都会歌剧院的邀请。10 月 15 日在维也纳指挥最后一场《费黛里奥》的演出；后赴圣彼得堡开音乐会。11 月，赴赫尔辛基，遇见让·西贝柳斯。11 月 24 日在维也纳举行最后一场音乐会，指挥《第二交响曲》。12 月，乘船去纽约。

1908 年，1 月 1 日在纽约大都会歌剧院首次指挥《特里斯坦与伊索尔德》的演出。创作交响声乐套曲《大地之歌》和《D 大调第九交响曲》。9 月 19 日在布拉格指挥《第七交响曲》的首演。回到纽约大都会歌剧院，12 月 8 日指挥纽约交响乐团演出《第二交响曲》。

1909 年，指挥纽约交响乐团和大都会歌剧院的多场演出。接受重组并指挥纽约交响乐团的合同（三年）。夏天回到欧洲，继续《第九交响曲》的创作。回到美国指挥纽约交响乐团的第一届音乐节（46 场音乐会）。12 月 16 日指挥他的《第一交响曲》。

1910年，带领纽约交响乐团进行旅行演出；完成《第九交响曲》的创作。4月，在巴黎指挥《第二交响曲》。5月，在罗马指挥。在托布拉赫开始《升F大调第十交响曲》的创作。阿尔玛住进疗养院，并由于和瓦尔特·葛洛比乌斯的感情纠葛而经历婚姻危机。8月，在莱顿与西格蒙德·弗洛伊德会面。9月12、13日在慕尼黑指挥《第八交响曲》的前两场演出。修改第二、第四交响曲。11月1日指挥第二届纽约音乐节。

1911年，1月17日和20日在纽约指挥《第四交响曲》的演出。2月21日指挥演出，因血液链球菌感染而病情严重。4月，回到巴黎接受血浆治疗。后被送至维也纳疗养院，直至5月18日去世。